圖解

魔法與祕教

近代的繁榮

吉村正和

楓樹林

目錄

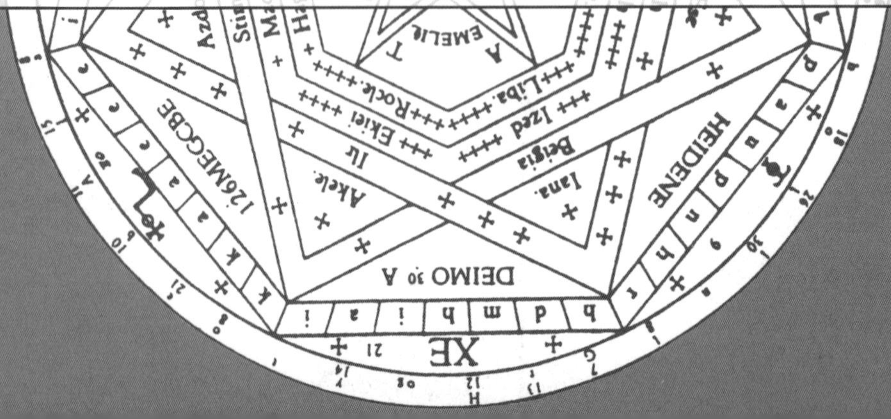

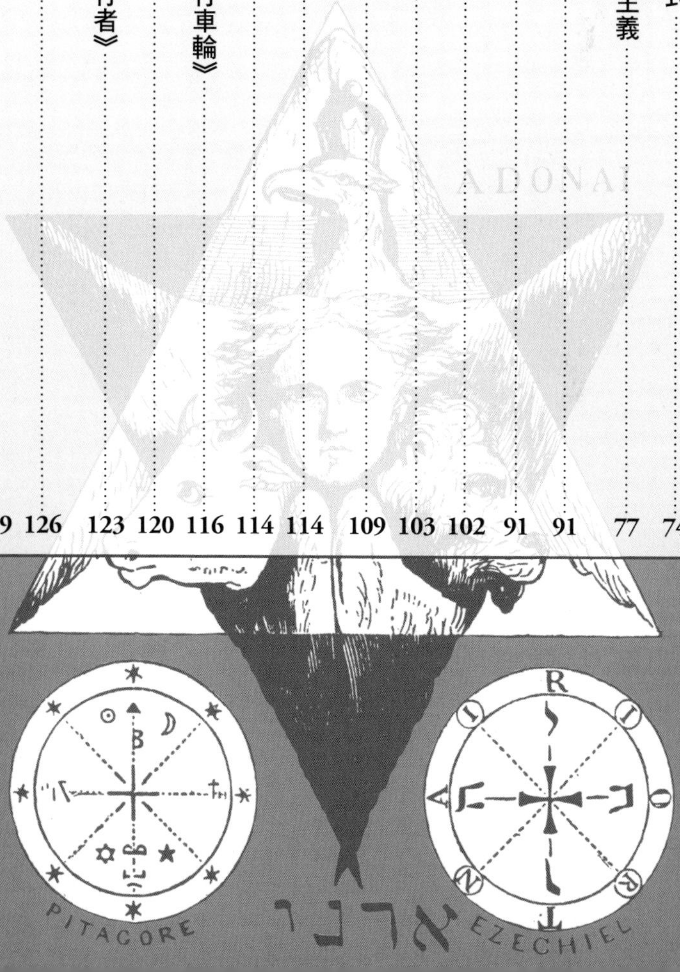
ADONAI
PITAGORE
EZECHIEL

前言

在歐洲，近代魔法的出現與多種促成近代形成的因素息息相關，諸如文藝復興時期古代異教的復興、阿拉伯科學導入後的科技發展，以及宗教改革造成的基督教轉型等等。文藝復興時期，與魔法幾乎同義的鍊金術，隨著數學、天文學、物理學、醫學等當時最先進的科學技術，一同自伊斯蘭世界流入歐洲。占星術則與精密的天文學相結合，利用星盤儀等天體觀測工具發展而來，並演變為護符魔法、占星魔法。馬爾西利奧・費奇諾（Marsilio Ficino）與皮科・德拉・米蘭朵拉（Pico della Mirandola）等人對荷米斯主義、新柏拉圖主義以及猶太教神祕主義卡巴拉的重新評價，構成了文藝復興魔法的核心思想。與此同時，宗教改革帶來的基督教變革，也對新形態的魔法誕生產生深遠影響。其打破了教會作為中介的傳統模式，使人能夠直接面對神，延續古代祕教中「人類神化」的課題，以新的形式再次復興。

如果說15世紀後半至17世紀初，是為近代魔法播下種子、培育幼苗的時期，那麼19世紀後半到20世紀初就是採收這些果實的時期。這段期間，英國因工業革命而領先全世界，建立大英帝國，不僅在工業和技術上遙遙領先，自然科學領域的發展也如日中天。隨著物質文明達到巔峰、世俗化浪潮高漲，基督教衰退的趨勢日漸明顯，替代性宗教紛紛興起。相較於此，文藝復興魔法主要依賴個別傑出人物的推動，並仰賴「群體」的力量，諸如結社、協會、教團、同好會等組織。在這樣的背景下，維多利亞時代的市民基於自身興趣成立結社或協會的風氣盛行，加入這類組織並藉此自我提升，成為當時的一種生活方式。18世紀成立的共濟會便是這類結社的先驅，創立之初便以「自我實現」為宗旨，並在19世紀影響了後續組織，如：英國玫瑰十字會、荷米斯協會、神智學協會等。最終，在一八八八年，「近代魔法」的代表性組織——黃金黎明協會正式成立。

一般而言，魔法與神祕主義之間的差異，即魔法是利用超自然力量來影響自然或他人，而神祕主義則以個人的內在精神覺醒為目標。然而，實際上要明確區分二者極為困難，因為魔法師往往具備神祕主義的特質，而神祕學家也常被認為擁有某種魔法能力。若要勉強區分二者，可以說神祕主義傾向於透過冥想獨自探索奧祕的體悟，而魔法則多在群體——即祕團體中實踐。魔法的基本原理在於「共同幻想」，個人的夢境或幻視必須透過多人共同參與及認同，才能被視為真正的魔法。

在此，希望大家留意「occult」和「esotericism」這兩個術語。「occult」一詞，早在德國哲學家海因里希・科尼利厄斯・阿格里帕・馮・內特斯海姆（Heinrich Cornelius Agrippa von Nettesheim）的經典著作《神祕哲學三書》（De Occulta Philosophia Libri Tres，全三冊，一五三一～一五三三年）就出現過，但是直到19世紀魔法師艾利馮斯・李維（Éliphas Lévi）的時代才廣泛普及，成為意指魔法、鍊金術、占星術、卡巴拉等等的用語。「occult」

起初並未帶有太多負面含義，但隨著時間推移，逐漸帶上某種可疑的色彩，而通常被譯為「邪教」。近年來，包含諾斯替主義、荷米斯主義、神祕主義、神智學等在內，更多會使用「esotericism（法語寫作ésotérisme）」一詞，中文通常譯為神祕學、神祕哲學等。

想要理解從古至今的魔法，除了先前提及的「共同幻想」之外，還有幾個關鍵概念：神化、生命靈氣、象徵、想像力等。「神化」源自古代祕教，認為透過群體舉行入會儀式等儀禮，受限於塵世的凡人得以昇華至神聖境域。「生命靈氣」則充斥於宇宙中，鍊金術是藉由化學操作來固定生命靈氣的技術，而魔法是試圖以護身符等「象徵」來吸引生命靈氣的方法。象徵可以是圖形或數字，但最能發揮威力的是語言。在此，語言不再只是傳遞訊息的符號，本身便蘊含著生命力，具有神聖性。此外，傳統魔法的修行基礎，通常歸因於神、天使、精靈、邪靈；但在近代魔法中，這一基礎則轉變為人類內在的「想像力」。想像力承襲了希臘神話中代蒙（Daemon，編註：介於神與人的精靈，不具有人的外貌，為善惡並存的超自然存在；羅馬神話中稱為Genius、格尼烏斯）的概念，屬於一種存在於人類內在的神聖力量，且具有悠久的歷史。魔法的本質，正是透過想像力與意志，將個人與集體深層期待的事物，在「幻想」中具現化的過程。

由上述簡單的介紹可知，近代魔法並非憑空產生，而是歷史進程的產物。本書將聚焦於近代歐洲魔法的歷史與理論，並探討其發展脈絡，章節安排如下：第一章，將介紹古代、中世紀及文藝復興時期等，與近代魔法相關的所有範疇，包含古代祕教、基督教奇蹟、荷米斯主義、鍊金術、占星魔法（護身符魔法）、卡巴拉、魔法語言等；第二章，檢視19世紀初期，在啟蒙運動和科學理性主義影響之下，非科學主義的占星術、水晶凝視、靈魂學等如何重新受到關注，並且探討威廉・布雷克（William Blake）、肯尼斯・麥肯齊（Kenneth Mackenzie）、艾利馮斯・李維、愛德華・布爾沃－李頓（Edward Bulwer-Lytton）等人的貢獻；第三章，追溯從布拉瓦茨基夫人（Madame Blavatsky）的神智學協會、安娜・金斯福德（Anna Kingsford）的荷米斯協會，到威廉・韋恩・維斯特考特（William Wynn Westcott）構思並設立黃金黎明協會的經過；第四章，分析麥克達格・馬瑟斯（MacGregor Mathers）基於《密碼手稿》所創建的黃金黎明協會儀式與象徵體系；第五章，探討黃金黎明協會的核心人物，包括莫伊娜・馬瑟斯（Moina Mathers）、安妮・霍尼曼（Annie Horniman）、佛羅倫絲・法爾（Florence Farr）等女性魔法師，以及詩人兼劇作家的威廉・巴特勒・葉慈（William Butler Yeats）、亞瑟・愛德華・偉特（Arthur Edward Waite）等「市井小民」，檢視此一宗教團體的衰弱與終結；第六章，透過馬塞爾・杜象（Marcel Duchamp）、保羅・克利（Paul Klee）、華特・班雅明（Walter Benjamin）、安德列・塔可夫斯基（Андрей Тарковский）等人的作品，探尋鍊金術和魔法思維如何轉化為現代主義藝術。

第一章 從古代魔法到文藝復興魔法

I 古代祕教與基督教

魔法被定義為：「一種虛偽的技術，透過強制靈性存在的介入，或是運用被認為可掌控自然的奧祕法則，來影響事物的發展或產生驚人的自然現象」（《牛津英語詞典》）。此處所指的靈性存在，包括靈魂、善靈、邪靈、亡靈與代蒙等超自然存在。一般認為，魔法師擁有強大意志，可操控這些靈性存在，藉此讀取過去、現在、未來這些時間流動的變化，解釋事件背後隱藏的意義，並提供新的指引。雖然這本詞典已明確指出魔法是一種「虛偽技術」，意圖將之視為前現代充滿錯誤見解的思維方式並加以排除；然而，魔法並不會隨著科學思維的出現，便跟著迷信與民間信仰一同消失。魔法概念建立在與科學世界觀不同的基礎上，想要理解就必須跳脫科學理性的思維，置身於由魔法運作的世界。魔法作為西歐神祕學的重要支柱之一，串連了西歐歷史的古代、中世紀、文藝復興、近代。其型態不斷變化，卻始終存續著。

《1》三種魔法

在古希臘的體系之中，魔法可分為三種：Goeteia（Goetia）、Mageia、Theourgia、Goeteia可譯為「巫術」，其施術者（Goes）可藉此召喚亡靈，即後來的黑魔法原形；Mageia可譯為「魔法」，其施法者（Magus）一詞原本意指波斯祆教的祭司階層，因此帶有較正面的聯想，用於祈求勝利、愛情圓滿、五穀豐登、漁獲豐收等，滿足人們在各種領域的自然願望；Theourgia可譯為「神通術」或「降神術」，其神通者（Theurgos）大多是受過教育的神職人員和哲學家，為神祕哲學的修行形態之一，目的是透過與神或神性合一來獲得自身神格。在近代，高等魔法的復興便源於神通術的魔法。

無論屬於哪種類型，其魔法師皆被認為能夠透過獲得神聖能力，來實現人們的願望。其中，人們對於治療疾病和預言的關注尤為強烈。在古希臘，魔法治療的聖地位於伯羅奔尼撒半島東部的埃皮達魯斯，以阿斯克勒庇俄斯神廟（建於西元前4世紀）為中心，周圍建有競技場、浴場、圓形劇場等設施。患者為了長期療養，通常會在此停留數週至數個月。埃皮達魯斯的魔法治療觀念中，認為人類精神失衡或不安時就會生病，為此必須借助音樂、舞蹈、詩歌等藝術形式來調整身心，故設有競技場、浴場、圓形劇場這些設施。埃皮達魯斯魔法療法中，最著名的治療方式稱作

▲**埃皮達魯斯聖地**　位於希臘，以建於西元前4世紀的阿斯克勒庇俄斯神廟（中央建築物）為中心，配置了競技場、浴場、圓形劇場等設施。阿斯克勒庇俄斯的化身為「蛇」，故蛇自古便被視為生命和治癒力量的象徵，受人崇拜。除了會在阿斯克勒庇俄斯神廟舉行公開儀式，祭司還會在圓形神殿（最左邊建築物）地下室的阿斯克勒庇俄斯神廟舉行其他儀式。插圖是修復後的圖畫。

▼**埃皮達魯斯魔法療法**　其中最著名的治療方式稱作「閉關」。患者會在聖地內的至聖所（下）特殊宿舍過夜，睡眠期間會看到醫神阿斯克勒庇俄斯的幻覺並收到治療指示。至聖所位於圓形神殿的後方。

「閉關」。患者會在聖地內的至聖所（ἄβατον）特殊宿舍過夜，睡夢中將看到醫神阿斯克勒庇俄斯的幻象，從而獲得治療指示。有時僅僅看到幻象，疾病便能痊癒。順帶一提，阿斯克勒庇俄斯的象徵是一根纏繞著蛇的權杖，圓形神殿的地下室便長期飼養著蛇。到了近代，治療疾病已經脫離魔法師的職責，開始由具有專業醫學和藥學知識的醫生負責，但在治療精神疾病時仍會使用催眠術和精神分析等，與古代魔法的治療方法有所重疊。

距離雅典西北方約170公里處，在帕那索斯山腳下有一座希臘最大的聖地——德爾菲。靠近聖地入口處有一座卡斯塔利亞噴泉，正中央是阿波羅神殿，周圍環繞著競技場、劇場、寶庫等設施。稱作皮媞亞（Pythia）的女祭司，會從阿波羅神那裡直接接收到德爾菲神諭。神諭下達的當天，皮媞亞一大早便會於卡斯塔利亞噴泉淨身，以燃燒月桂葉產生的香煙沐浴後，再進入神殿。希望接收神諭的人們，也會用一樣的方式淨身後再進入聖地，獻上名為Peranos（布施）的供品。皮媞亞會坐在置於神殿深處（adyton）的三腳台上等待。據說當神職人員提出問題時，皮媞亞就會陷入出神狀態，告知神諭。神諭通常都是模棱兩可的，神職人員會進一步釋解，並用詩歌的形式交予提問者。關於皮媞亞進入恍惚狀態的原因，歷來有兩種說法：一說認為神殿內時常噴出某種催眠性氣體，一說認為月桂葉中含有具催眠效果的物質。無論具體機制如何，皮媞亞進入忘我狀態的事實本身都極為重要。近代魔法的修行過程中，都會談論到幻覺體驗，而許多情況下都是使用了會引起幻覺的藥物作為輔助，諸如鴉片、嗎啡、古柯鹼，乃至氯仿等具致幻作用的物質。現在幾乎難以想像，但在維多利亞時代，這些藥物不僅限於魔法師使用，也常作為市民日常生活中的鎮痛藥。

《2》古代祕教與神化

古代魔法中，最直接探討人類神化問題的即為祕教（祕密宗教／祕儀宗教）。其中具代表性的，包含艾盧西斯祕教、戴歐尼修斯祕教、伊西斯歐西里斯祕教等。這些祕教的核心神話，都圍繞著「死亡與復活」。入教者會透過參加儀式，將自己等同於復活後的神來實現神化。阿普列尤斯（Apuleius）的著作《金驢記》（Metamorphoses）中，主角路鳩士便以淨化身心做好充分準備後，在一座雄偉神殿的「最深處房間」裡接受大祭司的祕密儀式。路鳩士在儀式後證言：「我降入地獄，跨過普洛塞庇娜神殿的入口，歷經萬象，最終回到現世。在午夜時分，我見證了太陽閃

◀**德爾菲的阿波羅神廟**　帕那索斯山腳下有一座希臘最大的聖地德爾菲。阿波羅神殿位在正中央，周圍環繞著競技場、劇場、寶庫等設施。稱作皮媞亞的女祭司，會在神廟直接接收到來自阿波羅神的神諭，是為德爾菲神諭。

▶**艾盧西斯祕教的首位成員**　位於中間的少年為特里普托勒摩斯，兩側的女性為艾盧西斯祕教供奉的神──母親狄蜜特、女兒科瑞（波瑟芬妮）。神話中，科瑞受黑帝斯誘拐至冥界，狄蜜特苦尋女兒的期間，受到艾盧西斯國王刻琉斯的盛情款待，於是將種植小麥的祕密傳授給王子特里普托勒摩斯。

▶**艾盧西斯祕教聖地的復原模型**　艾盧西斯祕教在古代最為著名，曾於雅典附近的小村莊艾盧西斯舉行祭祀儀式。參加者會從右上入口進入，在中央聖地（泰勒斯台里昂神廟）參加祕密儀式。肯尼斯・麥肯齊在《皇家共濟會百科全書》（The Royal Masonic Cyclopaedia）中寫道：「艾盧西斯祕教有三月的小祕密儀式與九月的大祕密儀式，後者會在艾盧西斯神殿舉行，歷時9天。」一般認為大祕密儀式類似共濟會導師（Master Mason）入會儀式。

耀如畫。」並在神殿的女神像前，以近似太陽般光輝的女神姿態接受民眾的祝福。這般死亡與復活的象徵性體驗，同樣重現於近代魔法之中，例如：黃金黎明協會第二教團的入會儀式上，羅森克羅伊茲（Rosenkreuz）的死亡與復活。總而言之，這些自願入教者都會透過模擬死亡和復活的體驗，攀上自我神化的階梯。

古代祕教是以非公開舉行的祭儀與儀式為核心的信仰型態。參加者不需學習特定教義，而是透過「親眼所見、親耳所聞」來經歷神聖體驗。這些儀式都有一定規模的信徒群體維持，核心人物為祭司和神職人員。一般認為，參加者經由一連串考驗所組成的儀式後，會進入一種共同幻想或集體催眠的狀態。最終的考驗是死亡，這場象徵性的冥界之旅會使參加者覺醒神聖的力量。自此，將打破唯有眼中所見的世界是唯一世界的日常邏輯，覺察到在世界背後推動這一切的「隱藏力量」。這種隱藏力量，即稱為「代蒙」。

希臘神話中，代蒙這個概念並不陌生。其為介於人神之間的靈性存在，負責調和雙方。有時會譯為神、半神、神靈、精靈、妖魔等等，但這些都無法充分表達其含義，直接音譯為代蒙應該是最恰當的。柏拉圖（Platōn）的《蘇格拉底的申辯》（Apology of Socrates）一

▲伊西斯的儀式（1） 男女混合的合唱團排列在中央樓梯的兩側，神職人員拿著祭品從上層台階走下來。出自龐貝古城出土的壁畫。

▼伊西斯的儀式（2） 上層台階正在進行神聖舞蹈，下方祭壇上有一隻荷米斯的聖鳥朱鷺。出自龐貝古城出土的壁畫。

◀伊西斯的女祭司 右手拿著象徵伊西斯的古代樂器西斯特爾叉鈴（Sistrum），扮演伊西斯的化身。為2世紀後哈德良（Publius Aelius Hadrianus）皇帝別墅出土的雕像。

書中，代蒙會在有人想做壞事時，以來自內心深處的聲音出現，阻止壞事發生。蘇格拉底表示：「在我過去的一生中，祂曾數度出現。不管是多麼微不足道的事情，當我想去做不適當的事時，祂就會出聲反對。」

阿普列尤斯在《蘇格拉底的神》（De Deo Socratis）這本論述考察中指出，這個代蒙是每個人內心所在的靈魂，靈魂的高潔思想即為好的代蒙，並提到「按照我（阿普列尤斯）的解釋，這個代蒙在我們的語言（拉丁語）中稱為格尼烏斯」（此為根據托馬斯・泰勒〔Thomas Taylour〕的翻譯）。

如今，格尼烏斯（Genius）一詞常常譯為「天賦」，不同於原本的含義。然而，其原義正如阿普列尤斯所述，是源自於希臘語的代蒙（daimon，daemon），指的是位於人類最深處

▶**龐貝古城「神祕別墅」的壁畫** 房間的四面牆上描繪著這個家的女主人參加戴歐尼修斯祕教的部分儀式。每個場景的意義都有不同解釋，目前尚無定論。卡爾・凱倫伊（Károly Kerényi）推測這是用於準備祕密儀式的房間。

◀**戴歐尼修斯祕教（1）** 左側的女性是參加戴歐尼修斯祕教的女性，正在聆聽少年朗讀戴歐尼修斯祕教的由來。最右邊的女性捧著放了供品的托盤。

的「靈魂」或精靈之類的東西。基督教創立後，代蒙被賦予惡魔（demon）的含義，成為潛藏於地下的受詛咒異教之神。然而，隨著啟蒙運動開始強烈批評啟示宗教，以及對古代的憧憬，代蒙（格尼烏斯）以嶄新的意義復活。浪漫主義時期的詩人威廉・布雷克在使用「詩歌想像力」這個用語前，便選擇了格尼烏斯（精靈、神靈）一詞，稱之為「詩靈（Poetic Genius）」。此外，19世紀末的黃金黎明協會中，其最終目標即是透過激發想像力和意志，與「高次元格尼烏斯」合一。格尼烏斯作為人類神聖能力的象徵，成為近代魔法的重要概念，持續流傳至今。

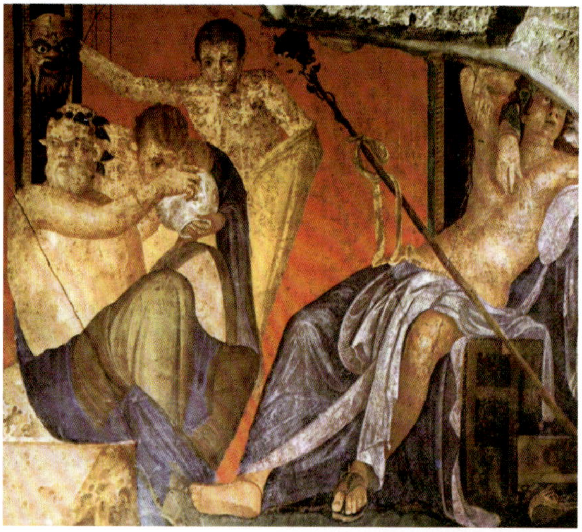

▶戴歐尼修斯祕教（2） 少年正在從西勒努斯（戴歐尼修斯的養父）手持的深盤飲用葡萄酒。深盤發揮了鏡子的作用，反射出後方少年舉起的西勒努斯面具。

艾盧西斯祕教、戴歐尼修斯祕教、奧菲斯祕教等於古希臘時期便存在，但至羅馬時期才最為盛行。與希臘祕教一同復興的，還有源自埃及的伊西斯歐西里斯祕教，與源自波斯的密

▶戴歐尼修斯祕教（3） 女性正試圖舉起一塊布。布裡藏著裝在利庫農（liknon，籃子）裡的菲勒斯（phallus，男性生殖器）。她的身邊有一個單手拿著鞭子、帶有翅膀的女性。

▲戴歐尼修斯祕教的一幕場景　戴歐尼修斯祕教儀式等同豐收祭，會祭祀山羊以象徵生命力，或直接祭祀藏在利庫農裡的菲勒斯。儀式結束時參加者會飲用葡萄酒，可怕地吃生肉（omophagia），並伴隨著激烈的舞蹈和狂歡（orgia）。隨著基督教神學確立，古代異教的眾神變成邪靈，成為中世紀女巫集會（巫魔會）的原型。西元前30～25年。

▶戴歐尼修斯祕教（4）　左邊描繪著露出背部的女性，右邊是敲響鈸的裸女。

▶拉撒路的復活　拉撒路病死4天後，竟隨著耶穌一句類似咒語的話，從墳墓中出現。耶穌右手拿著權杖，讓人想起摩西（Moyses）和亞倫（Hārūn）將權杖變成蛇的故事。

特拉祕教，這些祕教與魔法一道獲得了廣泛支持。羅馬能看見許多祕教神殿，但如今還能讓我們真實感受到往日繁榮的，僅龐貝的遺跡。右頁上方的插圖，就是龐貝古城遺跡「神祕別墅」中所描繪的戴歐尼修斯祕教的模樣。

《3》基督教與魔法（奇蹟）

基督教正是在這些古代祕教與魔法興盛的背景下誕生的。祕儀宗教中的「祕儀（Mysterion）」一詞本身也被附加上基督教的含義，並融入了教義體系。《羅馬書》（Romans）中提到：「歷代以來所隱藏的奧祕如今已顯現出來，讓所有異教徒明白（16：25）。」其中的「奧祕」就是「Mysterion」，拉丁語翻譯為「聖禮（Sacramentum）」，是基督教教義的核心術語。正如德國神學家賈西爾（Odo Casel）所說：「聖禮這個詞，繼承了祕儀一詞的整個語義範圍，所有古代術語都被納入基督教中。」（《祕儀與祕義》〔Das Christliche Kult Mysterium〕）。

古代末期，基督教的出現可說是對祕教所抱持的人類神化夢想的總結。其核心為耶穌的死亡與復活神話，信徒透過信仰祂在十字架上的死亡與復活，被應許獲得永恆的生命。除了耶穌之外，還有拉撒路（Lazarus）復活軼事（《約翰福音》11：1-44）。拉撒路病死4天後，竟隨著耶穌一句類似咒語的話：「拉撒路，出來吧！」手腳裹著布從墳墓中現身。這可說是沿襲了祕教的入會儀式，靈魂透過死亡而覺醒。而這段軼事，還只是眾多事例之一。四福音書被認為成書最早、最接近原始基督教的《馬可福音》（Evangelium secundum Marcam）中，在大部分章節裡都將耶穌描述為「創造奇蹟之人」。奇蹟即透過神的直接作用瞬間發生的超自然現象，其外在表現與魔法極為相似。古代歷史學家莫頓·史密斯（Morton Smith）在著作《魔法師耶穌》（Jesus the Magician）中指出，耶穌的奇蹟是靠其自身力量所展現的神聖作為，與伴隨著儀式的魔法有所區別。

耶穌的一生，可說是體現了一位「魔法師」的姿態。據傳耶穌誕生時，一位博學之士（占星術學者）從東方來訪。耶穌在接受施洗約翰的洗禮後，天空裂開、「神靈」如鴿子一樣降落下來。在神靈的引導下，耶穌去往荒野並經歷「撒旦的誘惑」長達40天。克服了與邪靈抗戰的考驗後，耶穌開始傳教，期間會替人驅除邪靈、治療疾病，甚至引發讓死人復活等等的奇蹟。《馬可福音》中所記載的第一個奇蹟，就是治療被邪靈附身的男子。耶穌向邪靈大喊「出去」後，邪靈立即大聲尖叫起來（1：25-26）。邪靈會束縛並限制人，驅逐邪靈就是在解放這種限制。其後，耶穌又為西門（Simon）飽受發燒所苦的岳母（1：30）、身患嚴重皮膚病的人（1：40）、中風的人（2：3）、一隻手無力的人（3：1）、住在墓地並被邪靈附身的人（5：2）、持續出血12年都無法止血的女性（5：25）、被邪靈附身的年幼女孩（7：25）、又聾又啞的人（7：32）、盲人（8：22）以及名叫巴底買（Bartimaeus）的盲人（10：46）等人治療。當時沒有醫院，魔法師的主要職責之一便是拯救病患。除此之外，耶穌的奇蹟還擴及到自然界，舉凡平息狂風巨浪（4：35-41）、行走在湖上（6：49）等。耶穌甚至透過咒語般的一句話「Talitha Kum（小女孩，起來吧）」，讓會堂長的女兒復活（5：35-43）。其中最大的奇蹟，就是耶穌自己死而復生。

基督教成為羅馬帝國的國教後，洗禮、堅振禮、聖餐禮、婚禮、告解禮、授職禮、臨終膏油禮等各種聖禮都逐漸制度化，這或許可被視為一種回歸古代祕教和魔法儀式中心主義的現象。相信不少人在觀看教會的聖餐禮等儀式時，都會感受到神祕的魔法氛圍。正如《使徒行傳》（Actūs Apostolōrum，19：19）中所記載，魔法在古代與祕教同樣具有強大的影響力。基督教採納了這些要素，只是昇華成聖禮的形式，為魔法與祕教儀式中「開啟人類神聖力量」的核心概念，提供了一種新的典範。

隨著基督教神學的確立，古代異教的眾神被視為邪靈、其儀式遭汙名化為「崇拜惡魔的儀式」。即使到了現代，也可見因政治衝突而引發的仇恨與駭人殺戮，因此有人認為，歐洲中世紀到文藝復興這段時期的獵巫運動，便是當時政教合一的教會為了將反教會勢力一掃而空，所編造出來的手段。不久後，隨著教會勢力逐漸衰退，一直受壓制的古代異教原理才以不同的面貌於近代魔法中復興。

Ⅱ 荷米斯主義與卡巴拉

12世紀，隨著阿拉伯科學的翻譯與傳播，歐洲世界從漫長的沉睡中甦醒。來自伊斯蘭世界的最先進數學、天文學、物理學、醫學等科學技術，以及鍊金術與占星魔法，紛紛傳入歐洲。阿拉伯科學兼顧了理論與實務，遠勝歐洲世界著重觀想的希臘科學。與此同時，猶太教神祕主義的卡巴拉也隨之而來。自羅馬帝國摧毀耶路撒冷後，猶太人被迫流散至亞歷山卓等地中海沿岸城市。然而，伊斯蘭帝國的興起為他們提供了庇護，使猶太文化得以延續。13世紀，西班牙成為卡巴拉的發展中心，這門古老的神祕學與鍊金術、占星魔法並列，成為歐洲探索古代的祕鑰。

《1》鍊金術

文藝復興時期的魔法中心位於佛羅倫斯，由顯赫貴族麥地奇家族掌控。特別是科西莫·德·麥地奇（Cosimo de' Medici），不僅是奠定麥地奇家族興盛基礎的富豪，還掌握佛羅倫斯的政權，並大力推動文化與藝術的發展。他對柏拉圖懷有深厚敬意，因而創立了柏拉圖學院，吸引眾多學者，使其成為日後文藝復興魔法研究的核心據點。指導這群學者的人，就是麥地奇家族侍醫之子——馬爾西利奧·費奇諾。他不僅受過醫學教育，還翻譯了柏拉圖的著作，並將新柏拉圖主義者，如：普羅提諾（Plotinus）和楊布里科斯（Iamblichus）的作品，以及著名的荷米斯文書，從希臘文翻譯成拉丁文。一四七一年，他出版了於一四六三年完成的《荷米斯文集》（Corpus Hermeticum），隨著這本著作廣泛流傳，荷米斯主義成為文藝復興魔法的重要支柱之一。

費奇諾在《柏拉圖神學》（The Theology of Plato）中，將柏拉圖主義與新柏拉圖主義視為基督教的補充思想。此外，他於一四八九年出版的《論生命》（De Vita，共三卷）更賦予占星術新的魔法意涵。該書第三卷〈論應受天界引導的生命〉的第三章中，他引用波斯哲學家阿維森納（Avicenna，阿拉伯名為伊本·西那 Ibn Sina）的觀點，描述鍊金術與魔法的關聯：「熱衷於自然哲學的學者，將黃金加熱昇華，使精氣（生命靈氣）從黃金中析出，並將其作用於其他金屬時，即可將其轉化為黃金。而這種從黃金或其他物質正確提煉並保存的精氣，阿拉伯占星師稱之為『鍊金藥（elixir）』。」這段論述進一步奠定了文藝復興時期魔法、占星術與鍊金術三者的緊密關係。

在費奇諾的影響下，荷米斯主義備受矚目，荷米斯文書的作者荷米斯·崔斯墨圖（Hermes Trismegistus，意指三倍偉大的荷米斯）此神祕人物也成為一大象徵。費奇諾認為，荷米斯文書的歷史可追溯至與摩西同時期的古老時代，但事實上其出自西元1～3世紀左右，由猶太教和新柏拉圖主義結合而成。希臘化時代晚期，以亞歷山卓為中心，出現一種用希臘哲學重新詮釋埃及文化的思想潮流，荷米斯文書便是在這樣的背景下誕生的。作者荷米斯·崔斯墨圖，便是融合希臘神荷米斯（Hermes）和埃及神托特（Thoth）所組成的名字，充分展現了希臘神祕思想與埃及魔法的結合。有人主張魔法起源於埃及而非希臘，便是基於摩西和亞倫在埃及法老面前施展的魔法來自於埃及人，以及荷米斯·崔斯墨圖的魔法與智慧亦源於埃及之故。這種思想進一步發展，形成一條從荷米斯·崔斯墨圖、摩西、俄耳甫斯（Orpheus）、畢達哥拉斯（Pythagoras）直至柏拉圖的古代神學譜系，文藝復興魔法即被納入其中。

此外，荷米斯·崔斯墨圖將對鍊金術的主張總結於《翠玉錄》（Emerald Tablet）上：「下方之物如同上方之物，反之亦然；萬物皆由一體之奇蹟所生。」下方之物即地上的自然界、上方之物即天上的天界，兩者是相對應的。這裡的天上，也包含了超天界（神的領域）；地上有時可解讀為人類本身，可見人類的存在處於整個宇宙的核心。其基本概念在於，人類並非完全與神界隔絕，透過神、大天使、天使、動物、植物、礦物組成的萬物網絡，人具備重新獲得神性的能力。其中提到的「一體」，指的是貫穿並流淌於上下兩界的宇宙靈氣（生命靈氣）。透過鍊金術的蒸餾、溶解、分離、結合等化學操作，就能將生命靈氣加以定型，產出賢者之石或鍊金藥。這不僅能將普通金屬變成金銀等貴金屬，還能作為萬能靈藥來治療所有疾病。

▲荷米斯·崔斯墨圖　約1488年所做，西恩納主教座堂白色大理石地板上的異教先知和女祭司鑲嵌畫。位於圖中央的人物腳下刻有一段銘文：「荷米斯·崔斯墨圖〔墨丘利〕與摩西是同時代的人。」其右手上的文書寫著：「埃及人啊，我們接受你們的文字和法律。」其左手扶著由斯芬克斯支撐的石版，上頭寫著《阿斯克勒庇俄斯》（Asclepius）的一個段落。

《2》護身符魔法（占星魔法）

中世紀後期出現的自然魔法，其背景與12世紀阿拉伯科學傳入歐洲這一文化歷史息息相關。與魔法最相關的學術，就是阿拉伯天文學。歐洲人深受阿拉伯先進的天文科學知識吸引，全盤接收了行星會對地上世界帶來影響的觀念。他們認為，行星的影響力可在特定的星期或時刻，使用地上特定事物（戒指、護身符、幾何圖形）加以操作。舉凡想獲得太陽和火星的影響力時，就要使用金或銅；使用魔法象徵符號，或圓形、三角形、四角形、五芒星等幾何圖形，即可操控行星天使等。阿拉伯天文學（阿拉伯魔法）傳入歐洲的過程中，阿拉伯元素被逐漸抹去，並進一步發展出將行星與基督教天使對應的概念，脫離阿拉伯的背景。此外，實踐魔法前需事先齋戒沐浴和祈禱用的祈禱文，也改用拉丁文寫成；最終，信仰對象也轉變為基督教的創世神。

保留阿拉伯魔法遺跡的典型例子之一，便是一般譯為護身符的「talisman」。普遍認為其源自希臘語的 τέλεσμα（telesma），意指完成、宗教儀式，不過實際上應該與阿拉伯語的 الطلسم（tilasm）有關，意指魔法符號。由麥克逵格・馬瑟斯譯成英文的著名魔法書《所羅門的鑰匙》（The Key of Solomon）中，便介紹了每個行星特有的魔法符號，全是象徵行星精靈的護身符。護身符本身即蘊含操控行星影響力的能力，在魔法道具中扮演極為重要的角色。「amulet」也常譯為護身符，一般認為具有抵禦邪靈之力，如：魔法圈和五芒星等，據說這也源自阿拉伯字母的形狀。與擁有正面力量的 talisman 相對，amulet的力量偏向消極的抵禦，但是實際上兩者並沒有什麼差異。

護身符魔法具代表性的著作《皮卡特里克斯》（Picatrix）創作於12世紀，一二五六年從原著的阿拉伯語翻譯成西班牙語。關於其原著有兩個說法，其一認為是12世紀時住在西班牙的阿拉伯人邁季里提（al-Majriti）親自創作，其一認為是他翻譯古老的希臘語原著《賢者之目的》（Ghayat al- Hakim）而來。《皮卡特里克斯》為根據西班牙語譯本而定的拉丁語書名。儘管《皮卡特里克斯》曾被教會譴責為魔法書，但其拉丁語版本仍以手抄本形式廣為流傳。與其說是一本魔法理論書，其更偏重實踐技法，最具代表性的內容就是護身符的製作方法。書中闡述了天上與地上世界相對應的原則，以及貫通整個世界的生命靈氣；以此為基礎，在地上用來吸引生命靈氣的工具，就是護身符。相較於賢者之石主要用在轉化金屬、作為萬能靈藥上，護身符的用途更加廣泛，舉凡滿足日常願望等。

9世紀時十分活躍的占星師肯迪（al-Kindi，約八七三年逝世）所著的論述《論光芒》（ORisālah fi al-Burūj）中也提到，阿拉伯科學與西方魔法的起源有關。這本書在12世紀時被翻譯成拉丁語，對哲學家羅傑・培根（Roger Bacon）和費奇諾帶來深遠影響。對鍊金術師來說，最終目標就是提煉充斥宇宙的生命靈氣，而肯迪將這種相當於生命靈氣的神祕實體視為「光」。魔法師將光融入魔法圖像，再透過語言、聲音、儀式等放射出來後，就會影響到他人及自然物體構成的光之網絡，從而產生神奇的魔法。

護身符魔法譜系，在費奇諾的《論生命》中發展至成熟階段。第一卷和第二卷中，考察了憂鬱症的治療方法，以及如何健康長壽等；第三卷〈論應受天界引導的生命〉，則是從占星魔法的觀點，探討維持健康與行星影響力之間的關係。

例如第十八章中，費奇諾探討了魔法護身符中隱含的力量。他認為，行星影響力會透過其各自光線傳遞至地球，為了有效保存這些光線的本質——生命靈氣，必須使用與每個行星的性質相同的礦物、植物和動物。此外，他還建議用音樂、色彩和香氣來增強效果，並列舉了含有大量生命靈氣之物，如：葡萄酒、砂糖、清淨空氣、香料、黃金、玫瑰、肉桂等等。舉例來說，若要做一個具有土星影響力的護身符，必須在藍寶石上雕刻一位坐在寶座（或龍）上、手持鐮刀（或魚）的長者，象徵土星神薩圖恩努斯。雖然與費奇諾的描述並非完全一致，但可參考一六二〇年出版的《自然魔法萬年曆》（Calendarium Naturale Magicum Perpetuum）中的插圖，作為土星、木星、火星、太陽、金星、水星和月亮的護身符範例。

《3》卡巴拉與魔法語言

除了隨阿拉伯科學傳入歐洲的鍊金術和占星術（護身符魔法），另一種神祕科學——猶太教神祕主義卡巴拉，也是形成文藝復興魔法的關鍵要素。卡巴拉在歐洲的傳播起點，始於喬瓦尼・皮科・德拉・米蘭朵拉的評價。皮科不僅精通希臘語和阿拉伯語，還掌握了希伯來語，試圖透過卡巴拉及其強化的魔法來補充基督教信仰。雖說這與中世紀以來的黑魔法性質不同，但皮科對魔法的重新詮釋比費奇諾更明確，一度遭羅馬教廷懷疑是異端。而傳授卡巴拉給皮科之人，正是弗拉維烏斯・米特里達特斯（Flavius Mithridates）等改信猶太教的教徒。皮科的目的是融合卡巴拉和魔法，最終讓人類上升到觸及神之境域的地步。而實現此一目標的關鍵，在於運用神和天使之名。為了召喚天使並借助其力量，就必須使用神聖語言——希伯來語。

其後，德國人約翰內斯・羅伊希林（Johannes Reuchlin）繼承了皮科的基督教卡巴拉，其著作《論奇妙語言》（De Verbo Mirifico，一四九四年）及《論卡巴拉的藝術》（De Arte Cabalistica，一五一七年）皆成為基督教卡巴拉的核心著作。這一學派的傳承，經由法蘭西斯科・喬治（Francesco Giorgio）、科尼利厄斯・阿格里帕延續，最終確立為文藝復興魔法的核心知識體系。

▶**皮科・德拉・米蘭朵拉**　柏拉圖學院吸引眾多著名學者，此後成為文藝復興魔法的一大研究據點。由馬爾西利奧・費奇諾指導這群學者，其弟子皮科・德拉・米蘭朵拉（中央）引入基督教卡巴拉，並與護身符魔法、鍊金術一同成為文藝復興魔法的重要一環。此為科西莫・羅塞利（Cosimo Rosselli）的創作。

猶太教神祕主義

猶太教即以亞伯拉罕（Abraham）為祖先的猶太民族所信奉的宗教，屬於一神教，以耶和華為唯一真神。耶和華以神的身分與猶太人立約，承諾會保護猶太民族；作為選民的猶太人基於對耶和華的信仰，發誓會遵守神所賦予的律法。對猶太人特別重要的經典，稱為《摩西五經》（Five Books of Moses）或《妥拉》（Torah，編註：狹義為《摩西五經》，廣義可涵蓋猶太教的律法與教義），是《舊約聖經》的前五本書——《創世記》（Genesis）、《出埃及記》（Exodus）、《利未記》（Leviticus）、《民數記》（Numbers）和《申命記》（Deuteronomy）。相傳摩西於西奈山上直接收到神的啟示，因此享有崇高地位。在《妥拉》的基礎上，猶太人發展出詳盡的生活規範與註釋文獻，此即《塔木德》（Talmud）。

希伯來語主要由子音構成，在解釋文本上具有高度靈活性；而這詮釋文本的行為本身，也被視為顯現隱藏於經文真義的過程。猶太思想的核心，將這不斷探求、未達終極意義的詮釋行為視為一種神聖的態度。如密文的《妥拉》，在無止盡的破譯中逐漸構成新的歷史。若說《妥拉》和《塔木德》構成了猶太教的主流，那麼作為其支流新增的部分，就是摸索與神直接接觸之道的猶太教神祕主義。

猶太教神祕主義的興起，與希臘化時代的新柏拉圖主義、諾斯底主義等神祕哲學的發展息息相關，並受到占星術、魔法、神通術等的影響。其中，猶太教神祕主義文獻之一的《形成之書》（Sepher Yetzirah）對中世紀後的卡巴拉影響甚鉅，其成書年代介於3世紀至6世紀。該書主要內容為詮釋《妥拉》中的〈創世記〉，闡述天地的創造基於數字、文字與聲音，並記述了10個源體（單數為「sephirah」，譯為源質、質點；複數為「sefirot」，譯為源體。兩者本應分開標記，本書統一寫作源體）與22個希伯來字母所構成的象徵體系。然而，此階段的文本尚未對後來成為卡巴拉體系核心概念的「無限（ein sof/ain soph）」、「原初之人亞當・卡蒙（Adam Kadmon）」與源體的發展，進行詳細描述（源體詳見第四章第二節《1》）。

卡巴拉的語言神祕主義

卡巴拉的主體現身於12世紀下半葉法國南部的普羅旺斯地區。《形成之書》的源體開始被視為神的屬性（流溢，emanation），透過攀登連結人類和神的源體階梯，就能進入神的世界，卡巴拉體系隨之展開。隨著伊斯蘭勢力擴展至西班牙，卡巴拉的核心經典《光輝之書》（Zohar）於13世紀由摩西・德・萊昂（Moses de León）編纂而成。《光輝之書》、《妥拉》和《塔木德》同時獲得正典的地位。

此外，13世紀還發展出了語言神祕主義，由西班牙冥想家兼預言家的卡巴拉學者——亞伯拉罕・阿布拉菲亞（Abraham Abulafia）開始。阿布拉菲亞主張源體之道對初學者有益，但是想要進入更深層的先知境界，唯有透過基於神名之道觀點的預言卡巴拉。根據德國卡巴拉學者格爾肖姆・朔勒姆（Gershom Scholem）的說法，阿布拉菲亞的語言神祕主義旨在發現「語言內在的次元」。具體而言，其並非用來傳達可傳遞之訊息，不指涉任何事物、存在

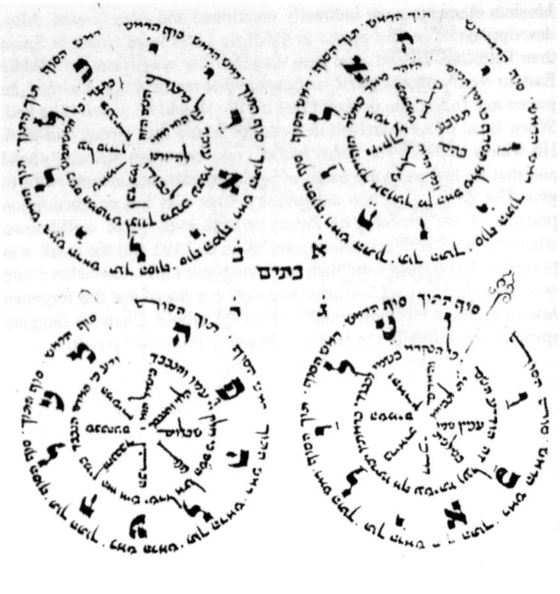

▶阿布拉菲亞的神聖語言　13世紀的西班牙卡巴拉學者亞伯拉罕・阿布拉菲亞主張，源體之道有益於初學者，但是想進入更深層的先知境界，唯一途徑只有依靠神名之道。此圖如曼陀羅圖，以靜止狀態作為冥想對象，旨在將意識提升到更高境界。

於語言之內；即便表現出來，最終仍不具有確定意義，無法傳達任何可傳遞的內容。這種語言觀與將語言視為日常溝通工具的傳統觀念截然不同，差異就在於是否將語言視為神聖次元的存在。卡巴拉的語言論以「神名」為中心組成，認為語言是由神名分解及發展而成。語言並非僅是人類交流的工具，而是與神聖世界的本質息息相關，神名即為承載神一切力量的容器。《神名與卡巴拉的語言理論》（The Names of God and the Theory of Language in Kabbalah）即言明：「神的語言遍及萬界，蘊含無限意義，從未固定於單一意義上；正因其本身無意義，才真正得以詮釋。」

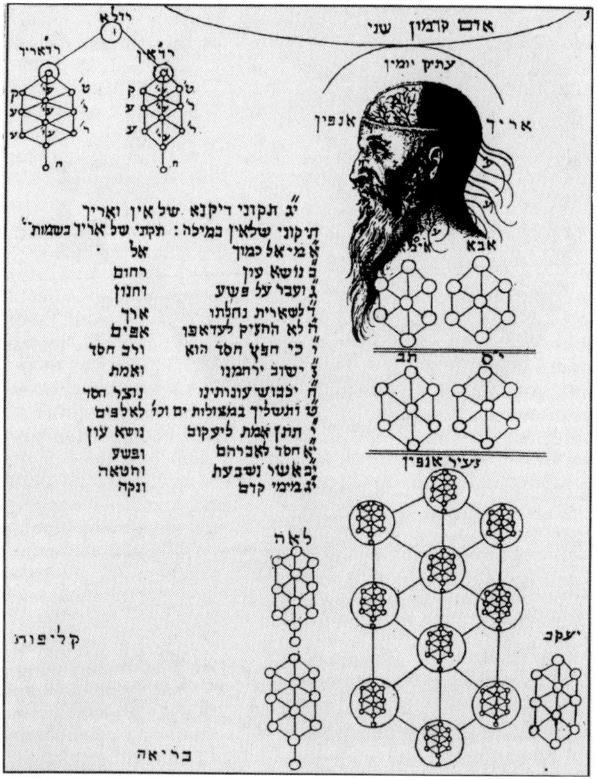

▲卡巴拉的生命樹　出自克諾爾・馮・羅森羅斯（Knorr von Rosenroth）的著作《卡巴拉揭示》（Kabbala Denudata，1677-1684年）。右上角人物代表亞當・卡蒙。黃金黎明協會的麥克達格・馬瑟斯於1887年將此翻成英文，並以《揭開卡巴拉的面紗》（The Kabbalah Unveiled）為名出版。

盧里亞的卡巴拉

一四九二年，猶太人遭驅逐出西班牙後，猶太教神祕主義卡巴拉的歷史發生了重大變化。首先，卡巴拉的研究據點從西班牙轉移到以色列（采法特）。16世紀，著名的卡巴拉學者艾薩克・盧里亞（Isaac Luria）將猶太人流亡與救贖的概念融入卡巴拉理論。他認為這並非單純回歸起點，而是猶太人要藉由親身參與歷史，創造出比之前更耀眼的終極未來。盧里亞的創造理論分為三階段：神性（ein sof）的收縮（tzimtzum）、容器的破壞（shevirat ha-kelim）、修復（tikun）。創造始於神性的自我限制，原本無限的神性退出的地方，會產生一處用來創造的原始空間，原初之人亞當・卡蒙即誕生於此。而亞當・卡蒙即為原始狀態下無限的神性，在原始空間裡獲得的第一形態，在這個階段其本質仍維持原樣。當亞當・卡蒙的頭釋放出神聖之光，上面的3個源體將接收這些光，而下面的6個源體則會因無法承受而遭到破壞。最後的源體——王國（malkuth）容器也會有部分破損，但是免於完全遭到摧毀。純粹的光大部分會返回源頭，其餘的光則會隨著遭破壞的容器碎片一起被丟棄，最終形成物質世界。

盧里亞創造理論的獨特之處，在於不只有容器損毀後延續的創造局面，還設定了容器修復的過程。容器在損毀時，最後的源體王國並沒有完全摧毀，其復原過程即是第三階段的修復。在這個階段，目標並非回歸到單純的原初之人亞當・卡蒙，而是要完成更完美的神性型態。透過析出本就存在於無限神性內部的異質要素，便能透過修復，邁向真正的統一，而這就是歷史的意義。若說收縮階段是神性自我限制的過程，修復階段便是神性藉由人類的幫助（也就是透過歷史）自我形成的過程。因容器破壞而四散的神性之光，最終將透過修復，以比過往更完美的形式回歸。屆時，歷史將迎來終點，一切悲慘結局將得到修復，聖經所承諾的救贖便會隨之實現。

COLUMN 1

義大利文藝復興時期的代表性畫家山德羅・波提且利（Sandro Botticelli），為羅倫佐・德・麥地奇（Lorenzo de' Medici，華麗者羅倫佐）的另一位表弟羅倫佐・皮爾法蘭西斯科・德・麥第奇（Lorenzo di Pierfrancesco de' Medici）所繪製的《春》（Primavera，保存於烏菲茲美術館），承載了一四七八年左右義大利文化與思想的精神高揚感，至今仍深深影響著後世。構圖上，《春》分為右側、中央、左側三個部分。右側描繪了西風之神澤菲爾、春之精靈克羅麗絲、花與春之女神芙蘿拉。這一幕描繪了召喚春天的西風之神澤菲爾擄走克羅麗絲並娶她為妻的情景，而一般認為克羅麗絲即是花之女神芙蘿拉。克羅麗絲口銜鮮花，芙蘿拉也身穿著一襲碎花裙，強調春天到來、花朵點綴大地的模樣。左側則描繪著美惠三女神（代表愛、貞潔、美麗）和墨丘利，中央是維納斯和邱比特。蒙著眼睛的邱比特用弓箭鎖定著三位女神，背對她們的墨丘利則正在用雙蛇杖驅散雲和風。

解釋這部作品的著作及論文不計其數，不過由於羅倫佐・皮爾法蘭西斯科・德・麥第奇為費奇諾的弟子，主流解釋都是以費奇諾的新柏拉圖主義世界觀為前提。新柏拉圖主義的核心理念與荷米斯主義相同，聚焦於「人類神化」議題。新柏拉圖主義者波菲利（Porphýrios）在《普羅提諾傳》（Vita Plotini）中，描述其老師普羅提諾：「他總是持續不懈地朝向神聖之境，並全心全意地熱愛著。」並提到老師的目標是親近至高無上的神，與之融為一體。普羅提諾的〈論美〉（De Pulchro et Bono，《九章集》〔Enneads〕第一論集第六篇），便是基於柏拉圖《盛宴》（Symposium）中提到的「絕對美」概念，將「美與善都屬於神之領域」作為前提。普羅提諾指出：「要達到此，需脫去感官世界的束縛，轉而升向更高的境界。正如同參加神殿祕密儀式的人，需脫掉穿著的衣物淨身，以裸體登上聖地。一面上升一面通過與神無關的所有事物，回歸到純粹的自己時，便能看到純粹、單一且潔淨的善。」這種內在神性覺醒的概念，日後形成《荷米斯文集》的基調，諸如《第一冊》中提及：「神化即擁有靈知（Gnosis）之人的終極目標。」《第十一冊》中提及：「若不使自身與神等同，人類便無法認識神。」揭示了荷米斯主義的目標——讓人類飛升至神之領域。

波提且利的《春》與護身符魔法

解釋波提且利《春》最具代表性的作品，包含歐文・潘諾夫斯基（Erwin Panofsky）的《文藝復興的春天》（The Spring of the Renaissance，一九七三年）、愛德嘉・溫德（Edgar Wind）的《文藝復興的異教神祕儀式》（Pagan Mysteries in the Renaissance，一九八六年）以及恩斯特・漢斯・貢布里希（Ernst Hans Gombrich）的《波提且利的神話畫》（收錄於《象徵性圖像》（Symbolic Images: Studies in the Art of the Renaissance），一九九一年）等書都已翻譯成日語，然而並沒有介紹堪稱最終的解釋（假設有這種解釋的話）。和《春》並列的傑作《維納斯的誕生》（Nascita di Venere，約一四八〇年）經常會一起拿出來分析，《維納斯的誕生》是在表達神既神聖又超然的愛，而《春》的維納斯則表現出人類或自然的愛。潘諾夫斯基認為，墨丘利位於兩種愛之間，其存在象徵著人類理性所能實現的可能性及極限；溫德則認為，墨丘利抬高視線，舉起的魔杖頂端隱藏著睿智的美麗光芒，這象徵著澤菲爾所激發的熱情，會經由美惠三女神，在墨丘利的引導下轉換為睿智的美麗光芒。此外，費奇諾認為，柏拉圖式的絕對美與基督教的聖愛（超越的愛）重疊，《春》的中央所描繪的維納斯象徵著人類的理想圖「人性（humanitas）」；貢布里希則認為，維納斯意味著人性，其中還內含愛和慈悲、品格和氣度、寬大和壯麗、美麗和恭謹、魅力和光輝。貢布里希還提出了一種可能解釋，儘管這與中央的維納斯所象徵的意涵存在些許矛盾，但他推測美惠三女神分別對應於受木星影響的水星（Mercurius Iovius）、太陽（Sol）、金星（Venus）。

法蘭西斯・耶茨（Frances Yates）在《喬爾達諾・布魯諾與荷米斯教的傳統》（Giordano Bruno and the Hermetic Tradition，二〇一〇年）一書中進一步延伸貢布里希的解釋，認為《春》的構圖經過精心安排，以吸引有益的行星（木星、太陽、金星）、避開帶來不祥之兆的土星，為運用費奇諾魔法的複雜護身符，目的應是為了讓羅倫佐・皮爾法蘭西斯科充滿生命靈氣。澤菲爾吐出的氣息就是世界靈氣，《春》即捕獲並儲存了星辰影響下產生的靈氣，然後將之傳輸給觀者。

▲波提且利的《春》 解釋這部作品的著作及論文不計其數。法蘭西斯・耶茨提出一種看法，認為這是運用了費奇諾魔法的複雜護身符。

《自然魔法萬年曆》護身符

費奇諾和《皮卡特里克斯》的護身符並未以插圖形式保留下來，如今已無法得知正確的魔法圖像。作為參考，這裡介紹17世紀製作的《自然魔法萬年曆》。該曆由約翰・特奧多雷・德布里（Johann Theodor de Bry）於一六二〇年在法蘭克福發行的一份魔法表，印刷在一塊長70寬140公分的銅板上，彙整了從中世紀到文藝復興時期出現的魔法符號。一般認為，其原創版本是效力魯道夫二世（Rudolf II）的天文學家第穀・布拉厄（Tycho Brahe）於一五八二年製作，但實際上應由其他人編纂而成，只是為了增添學術權威性才冠以布拉厄之名，無法證實這是一五八二年所做。

17世紀初時，德布里還出版了荷米斯鍊金術著作，包含羅伯特・弗拉德（Robert Fludd）的《兩宇宙誌》（History of the Two Worlds）和米夏埃爾・邁爾（Michael Maier）的《逃跑的亞特蘭妲》（Atalanta Fugiens）等等，以精細兼具寓意的魔法圖像而聞名。其中，《自然魔法萬年曆》是由其女婿馬修・梅里安（Matthäus Merian）雕版而成，大部分內容是根據阿格里帕的《神祕哲學》第二卷第四章到第十四章所刊載的製造物分類表。以荷米斯主義「一體」的「一」開始到「十二」結尾的數字為基準，列舉出大

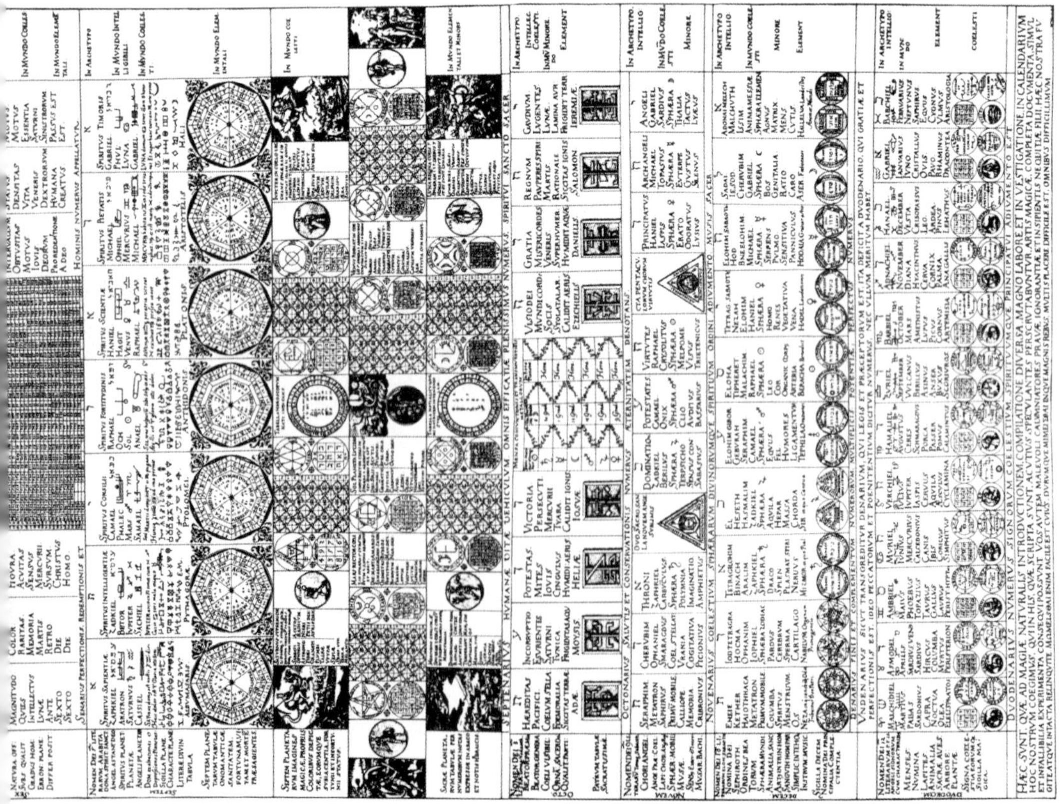

天使、天使、事物、身體等名稱，其中被認為最重要的是「七」。《自然魔法萬年曆》中央有一大篇幅在描繪七大行星的圖像、特性、星號、魔法陣等等。每顆行星的特性及對應天使、金屬、石頭（寶石）、顏色、身體器官如下所示。

土星

薩圖恩努斯（克洛諾斯；括號內為希臘名，以下皆同）拿著大鐮刀，騎著有翅膀的龍在天空飛翔。從前方開始，圖中描繪著帳篷內的領主、於土地播種的男人、威脅圓圈內人物的邪靈等等。行星的特性是，天使約斐爾、鉛、花崗岩、黑色、右腳和右耳。

木星

朱比特（宙斯）手持閃電弓箭，騎著有翅膀的大鹿在天空飛翔。描繪了狩獵的場景、壯麗的城鎮。行星的特性是，天使薩基爾、錫、黃玉、藍色、頭和左耳。

火星

瑪爾斯手持劍與盾，旁邊有一頭用後腿站立的獅子，後方有一座遭軍隊包圍、正在燃燒的城堡。行星的特性是，天使薩麥爾、鐵、紅寶石、紅色、右手和右鼻孔。

太陽

太陽神索爾（阿波羅）右手拿著權杖，騎著兩頭獅子拉的戰車前進。行星的特性是，天使米迦勒、黃金、石榴石、心臟和右眼。

▶《自然魔法萬年曆》約翰・特奧多雷・德布里於一六二〇年在法蘭克福出版。中央大篇幅描繪了七大行星的神名、圖像、特性、星號、魔法陣等等，並記述每顆行星的特性，以及對應的天使、金屬、石頭（寶石）、顏色、身體器官。

金星

邱比特（厄洛斯）持弓，維納斯（阿芙蘿黛蒂）左手握著燃燒的心臟，一群鳥在天空中翱翔。行星的特性是，天使漢尼爾、銅、祖母綠、綠色、生殖器和左鼻孔。

水星

墨丘利（荷米斯）穿著有翅膀的涼鞋、戴著頭盔，右手拿著商神杖，左手拿著書。描繪了測量尖塔高度的人物，與鋸子、蒸餾器和調色板等各種工具。行星的特性是，天使拉斐爾、水銀、水晶、左手和嘴巴。

月亮

月亮女神盧娜（塞勒涅）拿著火把，騎著公牛來到海上。描繪了火山爆發、彗星、船隻等等。行星的特性是，天使加百列、銀、藍寶石、白色、左腳和左眼。

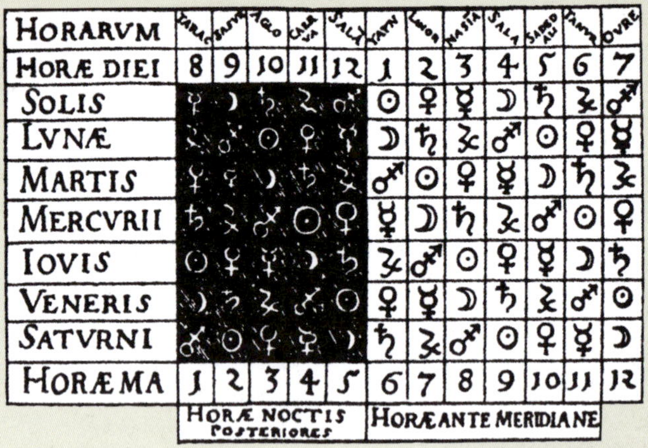

◀▼一週7天24小時與七大行星之間的關係 縱向為週日到週六，橫向為一天的24小時，以七大行星來判斷時間帶的吉凶。太陽、月亮、木星、金星是吉兆，土星、火星是凶兆，水星是吉凶兼備。適合修行魔法的時間取決於《自然魔法萬年曆》的這張表。

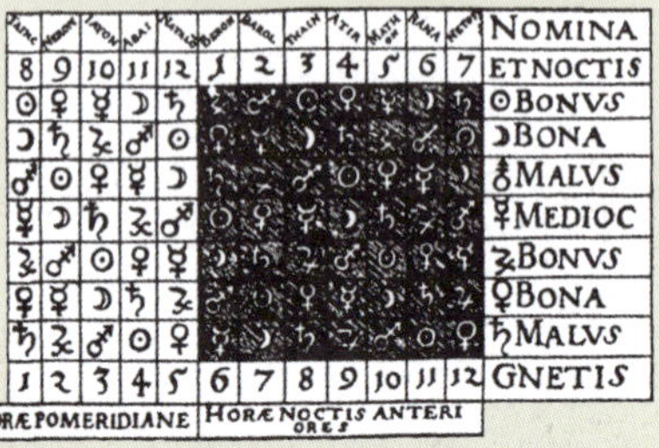

◀▼薩圖恩努斯（土星） 薩圖恩努斯（克洛諾斯）騎著有翅膀的龍，在天空飛翔。

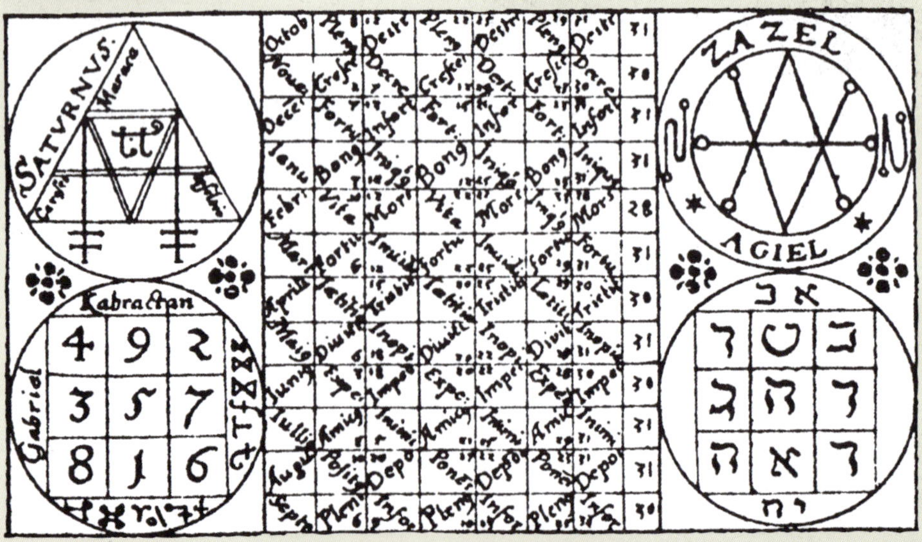

▲▶**朱比特（木星）** 朱比特（宙斯）騎著有翅膀的大鹿，在天空飛翔的。

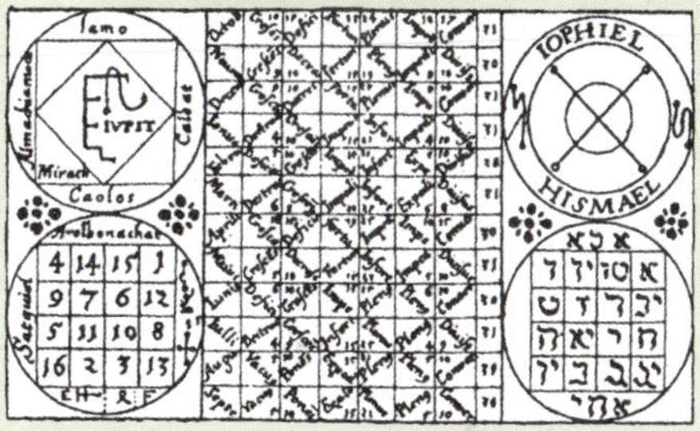

▲▶**戰神瑪爾斯（火星）** 瑪爾斯手持劍與盾，旁邊有一頭用後腿站立的獅子。

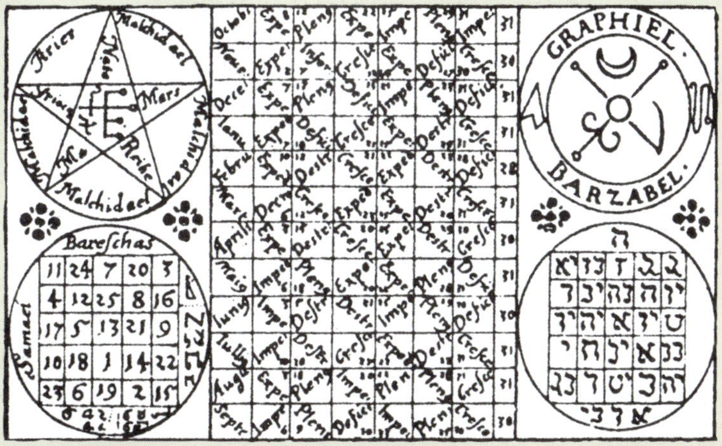

SOL PLANETA LVCIDIS
SIMVS RECTOR COELI IN
SPHÆRA 4 ABSOLVIT CVRSV
365. DIEBVS .PRÆ EST
DIEI SOLIS | ACVTIS.
MICHAELI | SVLPHVRI.
GRAMATIC: | AVRE: COLO.
IVSTITIÆ. | CORDI.
CARBVNCV: | OCVLO DEX:
AVRO.
LEONI.
OLORI.
VITVLO MARINO.
HELIOTROPIO.
IGNI.
SANGVINI PVRIORI.

▲▶太陽神索爾（太陽） 太陽神索爾（阿波羅）騎著兩頭獅子拉的戰車前進。

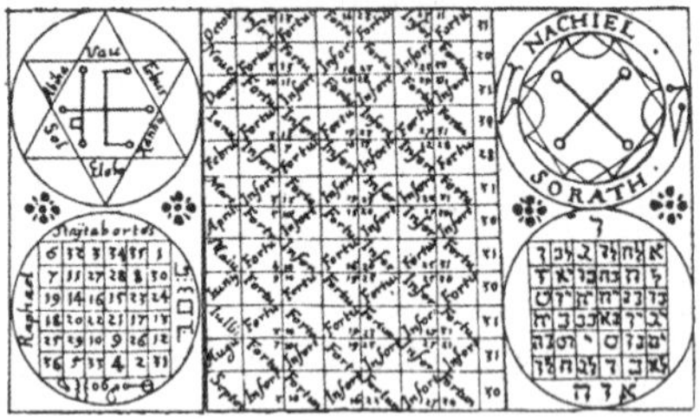

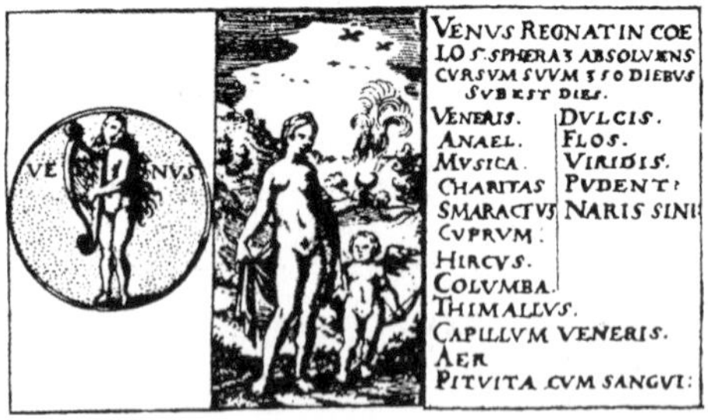

VE NVS
VENVS REGNAT IN COE
LO 5. SPHÆRA 3 ABSOLVENS
CVRSVM SVVM 350 DIEBVS
SVBEST DIES.
VENERIS. | DVLCIS.
ANAEL. | FLOS.
MVSICA. | VIRIDIS.
CHARITAS | PVDENT:
SMARACTVS | NARIS SINI:
CVPRVM.
HIRCVS.
COLVMBA.
THIMALLVS.
CAPILLVM VENERIS.
AER
PITVITA CVM SANGVI:

◀▼美神兼愛神維納斯（金星） 維納斯（阿芙蘿黛蒂）與持弓的邱比特（厄洛斯）在一起。

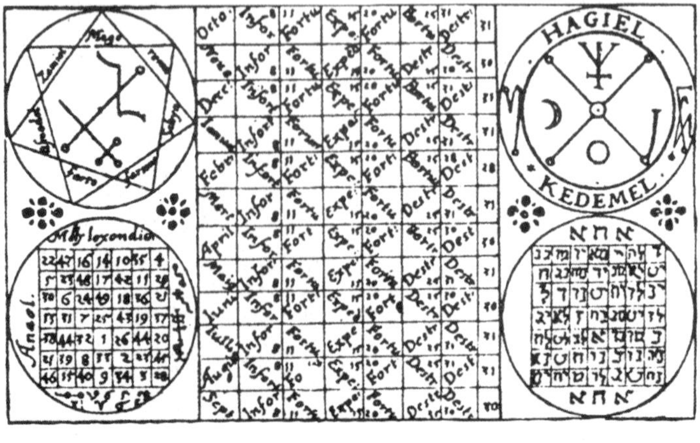

◀▼**墨丘利（水星）** 墨丘利（荷米斯）穿著有翅膀的涼鞋，戴著頭盔。

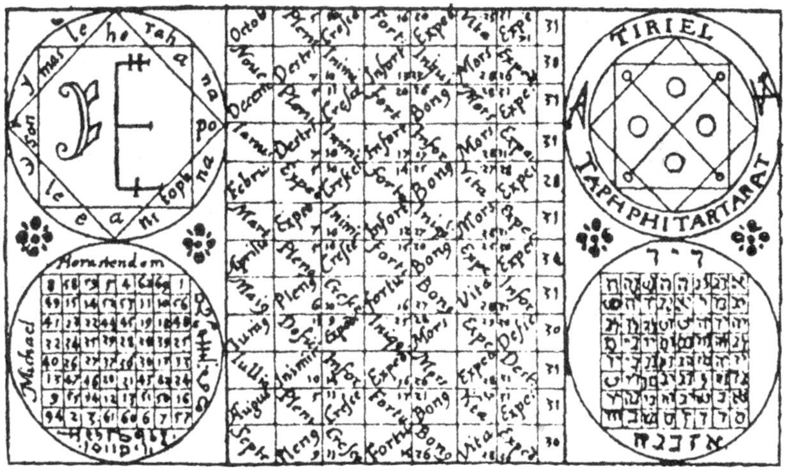

▼**月亮女神盧娜（月亮）** 月亮女神盧娜（塞勒涅）騎著公牛來到海上。通常與月亮女神戴安娜被視為同一人。

Ⅲ 文藝復興魔法的總合

《1》文藝復興魔法的總合

文藝復興魔法以費奇諾和皮科醞釀形成的鍊金術、護身符魔法和卡巴拉為核心，在哲學的領域由特里特米烏斯（Johannes Trithemius）和阿格里帕繼承，在鍊金術和占星醫學的領域則由帕拉塞爾蘇斯（Paracelsus，德奧弗拉斯特・馮・霍恩海姆〔Theophrastus von Hohenheim〕）繼承。

一四六二年，約翰尼斯・特里特米烏斯出生於德國的特里滕海姆，並於一五一六年在烏茲堡去世。特里特米烏斯將向魔鬼獻祭靈魂的魔法視為黑魔法，並且一直熱衷於推動迫害女巫的運動，但是他對基於荷米斯主義的魔法基督教化有著濃厚興趣。由他擔任院長的斯龐海姆修道院的圖書室裡，便收藏了逾2000卷抄本，成為歐洲主要學術中心之一。他認為占星術、鍊金術、畢達哥拉斯數祕術、卡巴拉等魔法，是讓人從塵世上升到天使階段的有效手段。

特里特米烏斯也是密碼學領域的先驅，著有不少著作，如：一五〇〇年的《隱寫術》（Steganographia）、一五〇八年的《多重寫作法》（Polygraphia）等。《論七種次要智能》（De septum secundeis，一五〇八年）中，他特別指定了統治行星的七位天使：土星約斐爾、木星薩基爾、火星薩麥爾、太陽米迦勒、金星漢尼爾、水星拉斐爾、月亮加百列。每位天使會統治行星354年又4個月，當7個週期結束時世界即會迎來終焉，這個有趣的理論與後來的神智學宇宙論相似。這七位天使底下還設定了精靈領域，特里特米烏斯的密碼即為召喚這些天使和精靈的手段。據說與天使交流，不僅可預測歷史發展，還能得知同一時期其他地方正在發生的事情。順帶一提，一五六一年於巴黎出版的《多重寫作法》中，便內含在黃金黎明協會的《密碼手稿》中所使用的密碼寫法。

而海因里希・科尼利厄斯・阿格里帕・馮・內特斯海姆是在特里特米烏斯

▶約翰尼斯・特里特米烏斯 斯龐海姆修道院的院長、密碼學領域的先驅，創作許多關於密碼學的著作。1561年的《多重寫作法》（巴黎版本）中，便內含在黃金黎明協會的《密碼手稿》中所使用的密碼寫法。

◀海因里希・科尼利厄斯・阿格里帕 1510年便完成《神祕哲學》的初稿，並獻給其老師特里特米烏斯。然而，他對發表這本書持謹慎態度，直到1532年才彙整出三卷後出版。

底下學習的一名修道士。阿格里帕於一四八六年出生在科隆近郊的內特斯海姆，一五三五年左右於格勒諾布爾去世。他與在醫學和鍊金術領域取得巨大成就的帕拉塞爾蘇斯幾乎生在同一時代，在魔法領域上造成了決定性的影響。阿格里帕曾就讀於科隆大學，精通多國語言，還侍奉過神聖羅馬皇帝馬克西米連一世（Maximilian I）。一五一〇年，他以卡巴拉和荷米斯主義為主軸，完成了《神祕哲學》的初稿，並獻給他的老師特里特米烏斯。然而，他擔心有人會懷疑他是黑魔法師（事實上已經出現這種傳聞），遲遲未對外發表，最終在一五三三年彙整成三卷後出版。當時，他還站在懷疑主義的立場，在卷末補上一篇親筆摘錄《所有科學的虛榮與不確定性》（一五二六年），可見要發表涉及魔法的內容需要多麼地謹慎。

對阿格里帕來說，魔法是通往自然世界的知識，足以掌握數祕術和卡巴拉，通往天界和最高天界的最高學問。從《神祕哲學》中第一卷的七四章、第二卷的六〇章、第三卷的六五章所組成的結構，就像百科全書一樣涵蓋了與魔法相關的大部分領域。

▼**護身符（1）** 將《創世記》開頭的5篇文章，藉由「拼詞法（notarikon）」技法連結，創造出一種新的神聖語言。拼詞法即將組成單詞的每個字母，變成以該字母開頭的另一單詞，或是從句子中擷取多個單詞的首字母和尾字母，來組成另一個新的單詞。人們會將透過拼詞法得到的文字刻在勳章上，作為護身符。圖的左上為勳章正面、右上為背面。正面的4行4列會寫上神名（由上而下依序為IHVH、ADNI、YIAI、AHIH），周圍環繞的銘文為「IHVH 吾等之神 IHVH 唯一者」。背面寫著ARARITA，意即唯一者為唯一原則，祂的特質是唯一的起始，榮枯盛衰皆為一體。六芒星中央的文字是集結了《創世記》第1章1～5節的尾字母，左側刻有相同文字。下面的文字是集結了《創世記》第1章1～5節的首字母，意即具有迴避一切災難的能力。插圖是根據《神祕哲學》（1651年版本）的第2卷第22章、第3卷第11章和第30章等，再由巴瑞特（Francis Barrett）重新登載於《魔法師》（The Magus）中，同護身符（2）至（3）以及行星的魔法符號（1）至（4）。

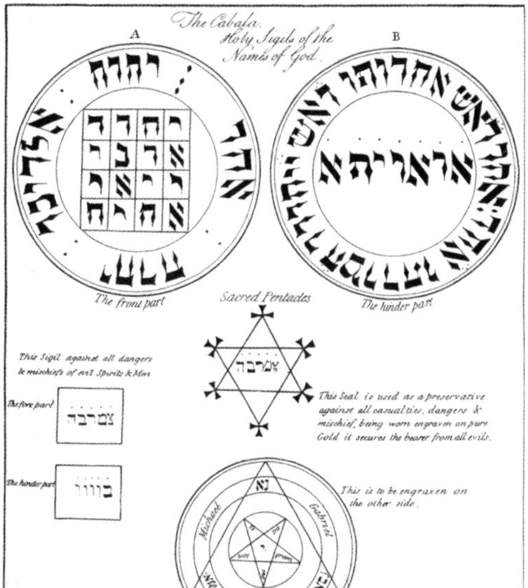

▼**護身符（2）** 將希伯來語的22個字母與5個語尾形字母，以3個一組分配到9個區塊中。透過加註1到3個點，將字母變成密碼。依序簡化這些字母後，即變成下方的印章。這種將字母依據指定表格進行替換的方法，即「替換法（temurah）」。插圖為帶有天使米迦勒印章的護身符。

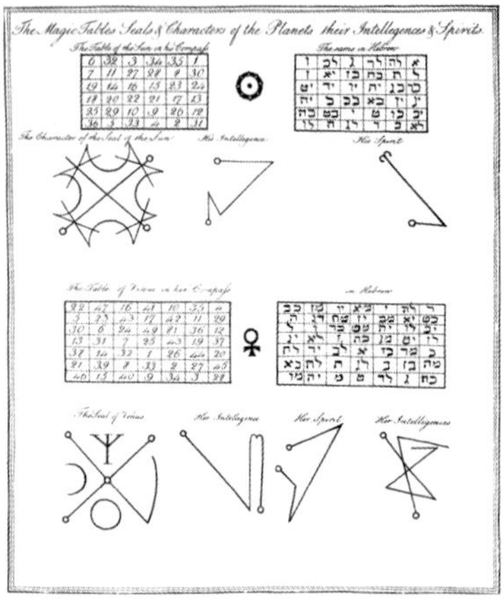

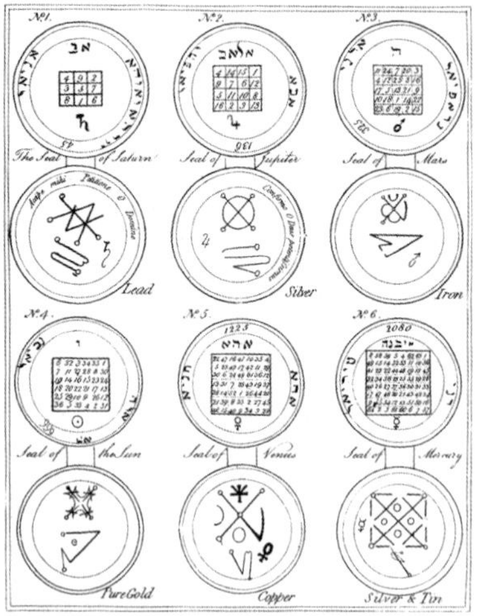

▶上：護身符（3） 將土星、木星、火星、太陽、金星、水星的魔法陣和印章，分別雕刻在鉛、銀、鐵、金、銅、錫或銀的勳章上。

▶下：行星的魔法符號（1） 由上而下依序是土星、木星、火星的魔法陣（以數字和希伯來語表示）、行星印章、知性靈、精靈印章。左側為數字版本，右側為數字轉化的文字版本。從土星3行3列魔法陣中，可導出數字3、9、15、45，將之轉換成文字即Abu（3）、Hod（9）、Ea（15）。從45開始，以希伯來字母代碼可得耶和華展開名（對應土星天使）和阿吉爾（對應土星精靈）。每個希伯來字母都能替換成數字，藉由希伯來字母代碼便可找出字母背後隱藏的含義。舉凡《創世記》18：2中，當神於亞伯拉罕前現身，有一節經文「VHNHShLShH（看哪，三個人）」的數字為701，同「ALV MIKAL GBRIAL VRPAL（祂們是米迦勒、加百列和拉斐爾）」，解釋了在亞伯拉罕前現身的三位天使就是這三者。

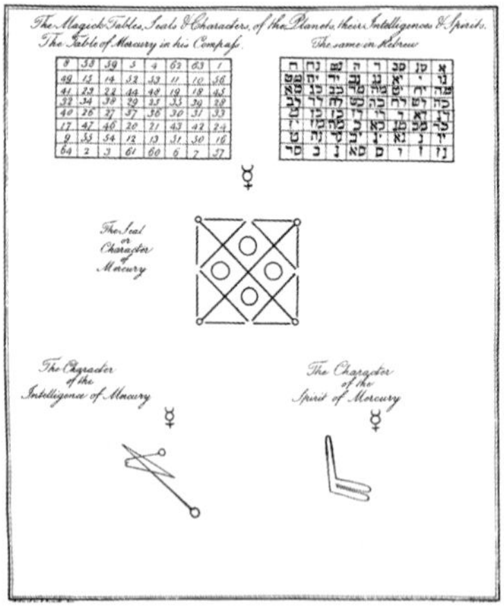

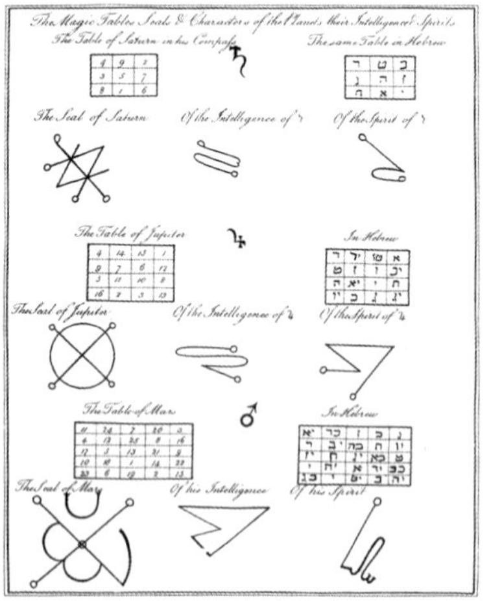

◀上：行星的魔法符號（2） 由上而下依序是太陽、金星的魔法陣、行星印章、知性靈、精靈印章。

◀下：行星的魔法符號（3） 水星的魔法陣、行星印章、知性靈、精靈印章。以希伯來字母代碼轉換，水星精靈即Taftartarat（2080）。其名是從佛羅倫絲·法爾的召喚實驗中得知的（參照第5章第1節的《3》）。

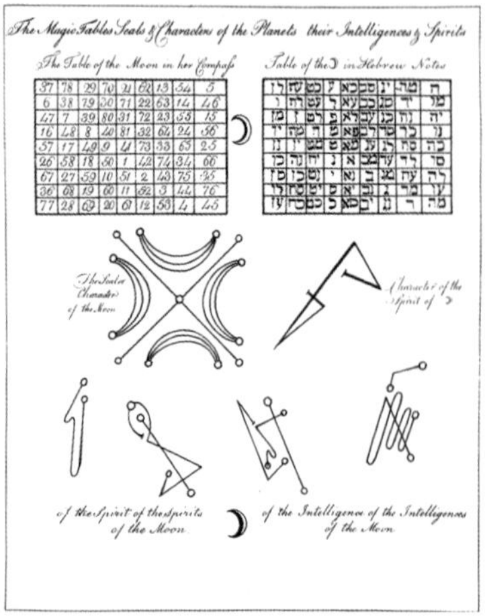

◀行星的魔法符號（4） 月亮的魔法陣、行星印章、知性靈、精靈印章。

第一卷的開頭，阿格里帕描述：「世界分為三重境界，即元素界、天空界、睿智界。所有低階世界皆受高階世界的支配及影響；作為一切事物根源的主要創造者，會透過天使、天空、星辰、元素、動物、植物、礦物與石頭，將其萬能的力量傳遞給我們人類。祂創造萬物，皆為人類所用。賢者（魔法師）若歷經塵世階段、上升至更高世界，確實到達萬物創造者、作為萬物起源第一原理所存在的根源世界，不僅能享受卓越者已擁有的力量，還可從更高處引導出新的力量——這種想法並非荒謬不合理的。」揭示了魔法師的目標就是接近萬物創造者——神的領域，以獲得操控超自然力量的能力。

第一卷中，討論了四大元素、事物的神祕力量、宇宙靈、共感和反感、七大行星，以及靈性符號、文字、印章，還有巫術、占卜和預言、人類的知覺和精神結構、天使名稱和希伯來語等自然界的神祕關鍵。

第二卷中，以作為根本數字的1到10為主，從數祕術與天使論探討天空界，包含拉丁語、希臘語、迦勒底語、魔法陣、音樂、人體和精神的比例、行星魔法符號、黃道十二宮符號等等。

第三卷中，強調魔法修行上除了保持虔誠和沉默，還必須基於基督教信仰，並援用卡巴拉，探究10個源體、魔法治療、天使和精靈、邪靈、天使名稱、魔法符號和印章、死靈召喚、靈魂結構、預言和神諭、儀式魔法等等。

第三卷的最後一章，阿格里帕提到這本書是專為精神不墮落、正直生活、秉持貞潔與誠實並具有健全信仰、敬畏和崇拜神之人而寫，強調魔法是為了榮耀創世神的修行。換句話說，《神祕哲學》認為魔法是用來理解大自然和神的完整學問。在魔法領域上，此後再無能超越著作，《神祕哲學》成為西歐魔法的根本經典。

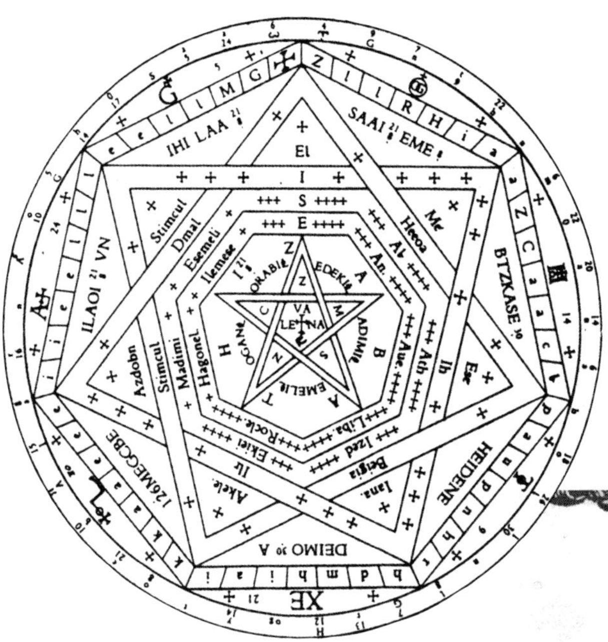

▲**真理大印**　據傳迪伊在1582年3月舉行的降靈會上，得到了這枚魔法印章的設計。Aemeth意即「真理」。正面圖像由外而內依序為圓形、七角形、七芒星，中央描繪著五芒星。五芒星上寫著的天使名稱是薩巴蒂爾、薩基爾、馬迪米爾、塞梅里爾、諾加貝爾、柯拉維爾和拉瓦尼爾。背面刻有AGLA的字母，透過拼詞法可以解釋成「Ateh Gebor Le-Olahm Amen（主啊，祢永遠強大）」。

▶**以諾的肖像**　傳說以諾直到365歲都與神同行，後來直接以肉身被帶到天上。就這樣被安置在天上的以諾和眾多天使之間在對話時使用的語言，就是「以諾語」。創作於15世紀。

《2》約翰・迪伊的魔法語言

約翰・迪伊（John Dee）活躍於伊麗莎白時代，為走在最前端的數學家、占星師兼鍊金術師，《神聖文字的單子》（De Heptarchia Mystica，一五六四年）一書更是讓他一躍成名。當中提到的符號可以理解成一種吸引宇宙靈或生命靈氣的護身符，迪伊也因修行天使魔法而聞名。

迪伊的天使魔法，是在靈媒愛德華・凱利（Edward Kelley）的協助下進行的，最終發展為與天使、精靈溝通的以諾魔法。以諾出現在《創世記》（4：17-8、5：21-4）和《偽經》（Pseudepigraphos）中的重要文獻《以諾書》（Book of Enoch）中。傳說中，以諾直到365歲都與神同行，並如同先知以利亞和聖母瑪利亞，直接以肉身被帶到天上。待在天上的以諾揭曉了創造天地的祕密，期間與眾多天使對話時使用的語言，即稱作「以諾語」。這種語言被認為與亞當語相關，是一種神聖語言，可與神直接溝通。然而，亞當語隨著亞當墮落而失傳。透過以諾語的復興，人類有可能重新接近亞當的語言，進而理解神的旨意。

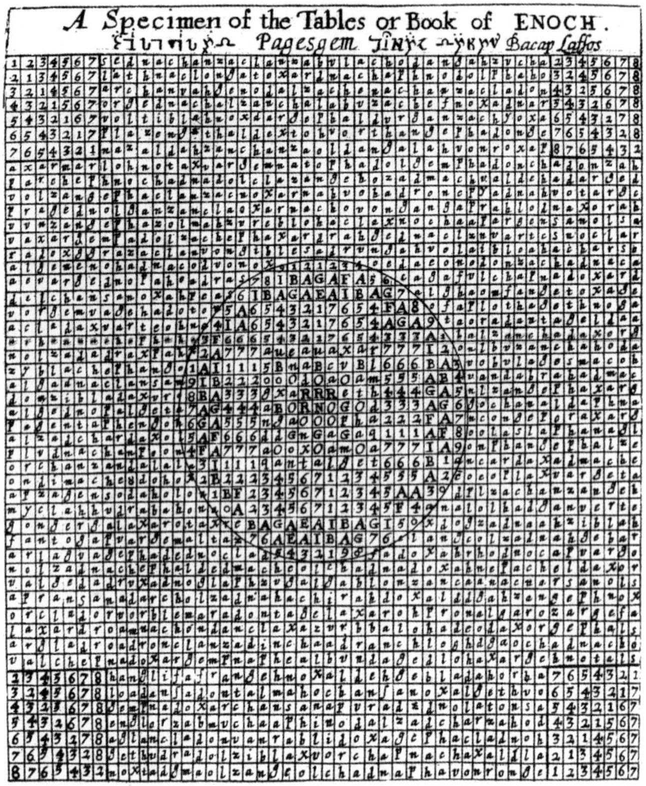

▲以諾魔法的字母表　迪伊會將字母與數字寫進49行49列的小方格中，再逐字記錄天使訊息。部分內容被稱作《天使之鑰》，以召喚文形式流傳下來，被用作一種咒語。

要復興以諾語，需要理解「完全語言」。以諾語是一種自律且具有生命力的語言，迪伊復興以諾語的方法，便是藉由凝視水晶球，與出現在水晶球裡的天使溝通，稱為「水晶凝視」。自古就流傳著水晶占卜，而迪伊將這個方法提升成獲取通用語言的手段。一五八二年，迪伊在召喚儀式上，先是準備了一張神聖的桌子，上面放著「真理（AEMETH）大印」魔法印章。印章上蓋著紅綢緞，水晶球就放在印章中央。迪伊本身並不具備靈視能力，所以是透過水晶凝視者（Scryer）凱利進行的。由凱利與天使溝通，將接收到的訊息告知迪伊，迪伊再逐字寫下來；有時迪伊也會透過凱利向天使提問。記錄的方式，是將字母與數字寫進49行49列的小方格中製成表，逐一記錄天使傳達的訊息。

迪伊和凱利與天使交流的部分內容被整理為《天使之鑰（Claves Angelicae）》，以19個召喚文的形式流傳下來。例如，第十七篇的開頭祈禱就有一段不可思議的話：「Ils d ialprt, soba upaah chis nanba zixlay dodsih.（哦哦，第三道火焰，祢的翅膀是引發憤怒的荊棘）」這些召喚文被視為一種咒語（mantra）。透過卡巴拉的字母與數字轉換，也能推導出天使名稱。此外，以諾魔法中天使的層級分明，比如由上至下即七大行星天使、黃道十二宮天使、四方位（東西南北）天使。根據祈禱內容，魔法師可以選擇召喚的天使，並藉由其神聖的力量滿足自身願望。

一六五九年，古典學家梅里克・卡索邦（Merrick Casabon）出版了《關於約翰・迪伊博士與精靈長期通信的真實報告》（A True & Faithful Relation of What Passed for Many Years Between Dr. John Dee and Some Spirits），並同時公開迪伊的《通靈日誌》（Dr. John Dee's Spiritual Diary）中與以諾魔法有關的插圖。卡索邦完全沒有提及迪伊身為科學家和哲學家的這一面，而是將以諾魔法批評成毫無意義且愚蠢的技術。以此刊物為契機，英格蘭教會也開始譴責迪伊，使其完全冠上了「黑魔法師」這樣的惡名。

《3》玫瑰十字會的占星醫學

玫瑰十字會

17世紀初，德國出現一個神祕的魔法結社——玫瑰十字會。他們陸續出版了一些書籍，如：一六一四年在德國卡塞爾出版的《兄弟會傳說》（Fama Fraternitatis）、一六一五年的聲明文書《兄弟會自白》（Confessio Fraternitatis）、一六一六年在聖特拉斯堡出版的鍊金術幻想小說《克利斯蒂安・羅森克羅伊茲的化學婚禮》（Chymical Wedding of Christian Rosenkreutz），看起來是真實存在的組織。然而，至今從未有人真正見過玫瑰十字會。其中，聲明文書的作者是圖賓根的一群學者，核心人物包含路德教派的牧師約翰・凡勒丁・安德里亞（Johann Valentin Andreae）。玫瑰十字會到後來18世紀德國的黃金玫瑰十字會、19世紀的英國玫瑰十字會、黃金黎明協會以及法國的玫瑰十字（即卡巴拉教會），都被定位成魔法結社的典範。

玫瑰十字會的聲明文書中，有些概念與迪伊的以諾語天使魔法相似。在《兄弟會自白》中，玫瑰十字會創造出一種新語言，文中指出這種語言可以與巴別塔語言混亂前、祖先亞當和以諾所使用的語言媲美。這裡所說的「亞當和以諾所使用的語言」，是指墮落之前的神聖語言、人類可與天使和神溝通的魔法語言。玫瑰十字會的聲明文書是在迪伊於一六〇八年去世的幾年後出版，由此可見這段時期人們對魔法語言的興趣與日俱增。

《兄弟會傳說》中，則描述了克利斯蒂安・羅森克羅伊茲地下神殿的發現過程。地下神殿裡，收藏了帕拉塞爾蘇斯的《語錄》（Sprüche Paracelsi）、《旅行記》（De itinere Per Graeciam et Asiam）和《傳記》（Vita Paracelsi）。帕拉塞爾蘇斯出生於一四九三年，卒於一五四一年；羅森克羅伊茲則是去世於一四八四年。如果地下神殿在一六〇四年被發現之前一直處於密封狀態，那麼裡面收藏著帕拉塞爾蘇斯著作的說法就十分矛盾了。不過，藉此可以看出玫瑰十字對帕拉塞爾蘇斯有著高度評價。

另外值得一提的是，《兄弟會傳說》中記述了一項玫瑰十字會信條——免費治療病人。鍊金術在過去都用於將卑金屬轉化成貴金屬，後來帕拉塞爾蘇斯才將其轉換方向，變成治療疾病和生產藥物的方法。帕拉塞爾蘇斯派的醫學以實用主義為主，由德國的米夏埃爾・邁爾、英國的羅伯特・弗拉德，還有奧斯瓦爾德・克羅爾（Oswald Croll）、格哈德・多恩（Gerhard Dorn）、約瑟夫・迪謝納（Joseph Duchesne）、海因里希・庫恩拉德（Heinrich Kuhnrad）等歐洲各地的醫療化學派醫師繼承下去。

羅伯特・弗拉德的占星醫學

英國的醫療化學代表醫師羅伯特・弗拉德，於培訓時期在義大利和德國學習到帕拉塞爾蘇斯派醫學。玫瑰十字會聲明文書出版的同時，他發表了擁護教團的《簡單的辯護》（Apologia Compendiaria，一六一六年）、主要著作《兩宇宙誌》（一六一七年）等書，逐漸發展出占星醫學。弗拉德的著作以大量精美的插圖著稱，這些插圖甚至比文字本身更能清晰地傳達他的思想。尤其《兩宇宙誌 大宇宙誌》中刊載的〈大宇宙和人類圖解〉插圖，更是融合基督教、荷米斯主義（卡巴拉異教）的文藝復興魔法代表作。這張圖的頂部有著四字神名（Tetragrammaton，4個以希伯來語表示神名的字母），內部是由三層組成的天使位階、天空圈（第一動者、恆星、土星、木星、火星、太陽、金星、水星、月亮），中心為有著四大元素的地上世界。中央的女性是世界靈魂（Anima mundi），與四字神名手上的鎖鏈相連，代表其按照神的命令統治地上世界，作為生命靈氣的象徵，滋養著所有創造物。女性左手的鎖鏈與「模仿大自然的猴子」相連，代表著人類的文藝和技術。

弗拉德的占星醫學中認為疾病的發作與邪靈有關，《宇宙氣象學》（Meteorologica，一六二六年）和《普遍醫學 疫病的神祕》（Philosophiæ et Medicinae Universalis，一六三一年）中都收錄了相關的有趣插圖。《宇宙氣象學》圖解了人類在宇宙中的定位，以及和氣象之間的關係，揭示宇宙與人類間的神奇連結。圖上最頂端的光芒用四字神名代表神，兩側站著共10位天使，每位天使的格中都可見其神名、10個源體、天使位階、大天使、天空圈的名稱。外側巨大的半圓上，則描繪著恆星、行星、彗星、雲等，下方有12道風。圖的左右兩側畫有表示行星相位與氣象關係的插圖，中央底部躺著一名受到所有天氣影響的人類。總的來說，天使和邪靈存在於氣象現象中，人類則生

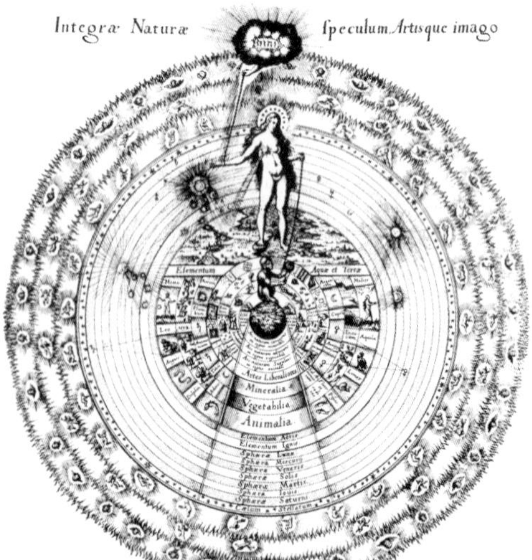

▲大宇宙與小宇宙的插圖　彙整了費奇諾到阿格里帕的文藝復興魔法。頂端為四字神名，內部為三層組成的天使位階、天空圈，中心描繪著有四大元素的地上世界。中央的女性是世界靈魂，象徵生命靈氣。取自弗拉德的《兩宇宙誌 大宇宙誌》，1617年。

活在祂們的影響之下。

《普遍醫學 疫病的神祕》第36頁插圖中呈現一種觀點，疾病為邪靈作祟所致，人類的健康有賴於天使的恩惠。邪靈代表神的憤怒，從東西南北四方位釋放瘟疫，用風將之帶到地上。插圖中，四方位的邪靈（歐力恩斯Oriens、派蒙Paimon、亞麥依蒙Amaimon、埃扎

◀**占星師和占星醫學** 占星師使用天球儀和羅盤繪製了天宮圖。弗拉德身為傳承帕拉塞爾蘇斯的醫療化學派醫師，發展出占星醫學。桌子和牆上的書架上放著書籍，展示出理論與實務之間平衡的重要性。取自弗拉德的《兩宇宙誌 小宇宙技術誌》，一六二〇年。

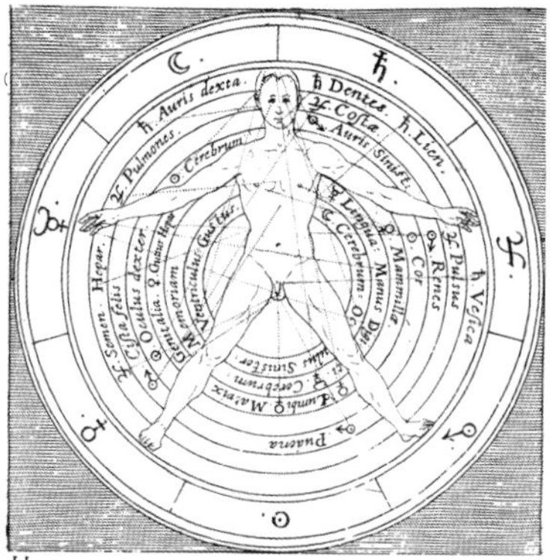

◀**人類的健康和七大行星** 土星：右耳、脾臟、膀胱；木星：肺臟、肋骨、肝臟；火星：左耳、腎臟、生殖器、膽囊；太陽：大腦、心臟、右眼；金星：胸部、腰部、子宮、喉嚨；水星：舌頭、手臂、手指；月亮：左眼、大腦、腹部。圖中顯示了七大行星與人體各部位之間的關係。取自弗拉德的《兩宇宙誌 小宇宙誌》，一六一九年。

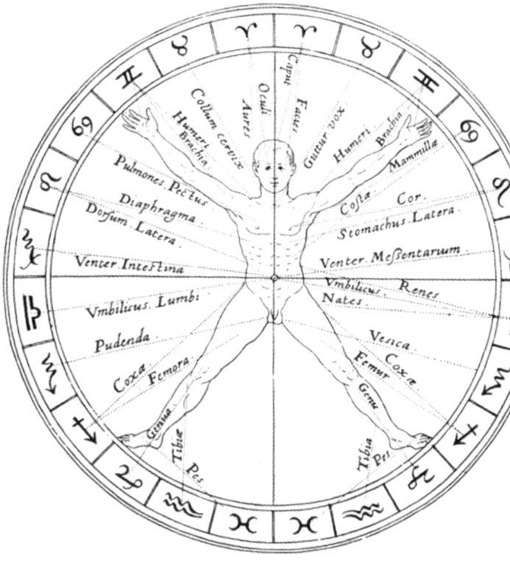

▲**人類健康和黃道十二宮** 牡羊宮：耳朵、眼睛、頭部、臉部；金牛宮：頸部、喉嚨；雙子宮：肩膀、手臂；巨蟹宮：肺臟、肋骨；獅子宮：橫隔膜、背部、側腹、胃部、心臟；處女宮：腹部、腸道、腸繫膜；天秤宮：肚臍、腰部、臀部、腎臟；天蠍宮：生殖器、膀胱；射手宮：髖關節、腿部；摩羯宮：膝蓋；水瓶宮：脛骨；雙魚宮：腳部。圖中顯示了黃道十二宮與人體各部位之間的關係。取自弗拉德的《兩宇宙誌 小宇宙誌》，一六一九年。

◀**人類與天象之間的關係** 圖解人類在宇宙中的定位、與氣象之間的關係，展現宇宙與人類的神奇關係。最頂端的光芒中用四字神名代表神，兩側描繪著10位天使，外側巨大半圓上是恆星、行星、彗星、雲等，中央底部躺著一名受到所有天氣影響的人類。天使和邪靈存在於氣象現象之後，人類則生活在祂們的影響下。取自弗拉德的《宇宙氣象學》，一六二六年。

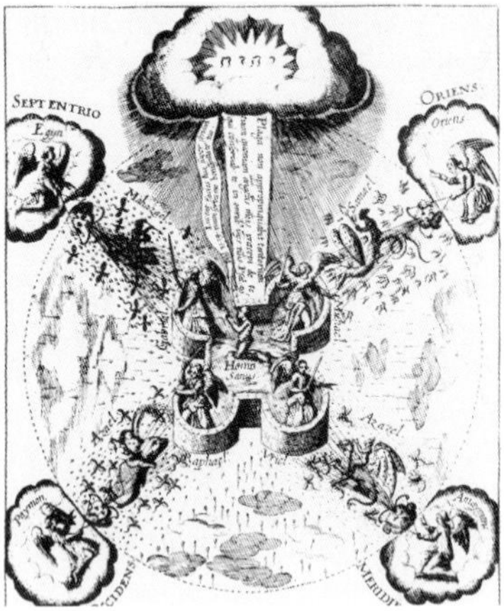

▶守護健康的大天使和四方邪靈　疾病源於邪靈作祟，人類的健康有賴於天使的恩惠。邪靈作為神之怒的代表，會從東西南北四方位釋放瘟疫，用風將之帶到地上。取自弗拉德的《普遍醫學 疫病的神祕》，一六三一年。

上人間；米迦勒、拉斐爾、烏列爾、加百列這些大天使則守護著地上要塞。在天使守護下，位於中央的人類就能守住健康、不會生病。同本書的其他插圖中也有一張呈現了邪靈從四方帶來疾病的構圖，但南方（西南）的亞麥依蒙派來的邪靈正在攻破健康要塞。原本守護要塞的四位大天使早已不在，中央的人類躺在病床上，正在接受醫生的治療。患者叫喊著：「全能者的箭射穿了我，我的靈魂吸入它的毒藥；神的恐怖向我設下威脅的陣地。」（《約伯記》6：4）。

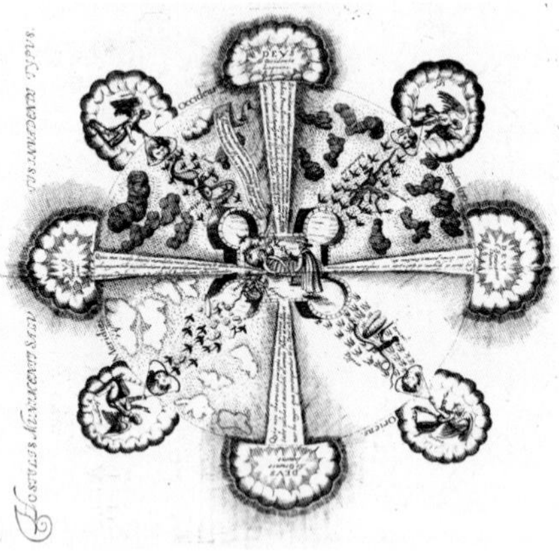

▶四方邪靈攻破健康要塞　與上幅相同，邪靈從東西南北四方帶來疾病，不過這裡表現出了從南方（西南）而來的亞麥依蒙派的邪靈正在攻破健康要塞。弗拉德的《普遍醫學 疫病的神祕》，一六三一年。

弗拉德於科學革命興起的17世紀發表這些著作，使其魔法占星醫學和宇宙觀遭受約翰尼斯・克卜勒（Johannes Kepler）、馬蘭・梅森（Marin Mersenne）、帕特里克・斯科特（Patrick Scott）、皮埃爾・伽桑狄（Pierre Gassendi）、威廉・福斯特（William Foster）等人嚴厲的批判。隨著自然科學進步，後續的醫學領域上，基於理性主義的方法論取得了勝利，弗拉德的占星醫學思考方式遭淹沒於歷史黑暗中……然而魔法並沒有就此消失。

弗拉德思考方式的根源之一，認同普羅提諾等新柏拉圖主義者提出的宇宙靈（生命靈氣）的存在，認為利用連結世界的神祕共感，就能操縱生命靈氣。雖說自然科學以基於因果關係的自然法則作為世界原理，取代了這種神奇的共感關係，但從艾薩克・牛頓（Isaac Newton）在鍊金術上花了比物理學更長的時間一直在研究即可看出，自然科學和魔法之間的界線並沒有那麼明確。兩者的思考方式具有某種連續性，自然科學的實驗手法中似乎部分繼承了魔法儀式，重視程序準確性甚於一切。鍊金術師變出金屬的畫面，與後來的化學或藥學實驗室場景也並沒有太大區別，甚至可以說魔法為科學的革新做出了巨大貢獻。

魔法所帶來的驚人效果，會給人們的想像力留下深刻印象。顯微鏡和望遠鏡這些科學設備，成為一種新型魔法裝置。自然科學作為新型魔法，多少繼承了傳統的自然魔法，因此要將兩者分開並不是那麼容易的事。

第二章 19世紀的神祕學

I 占星術和魔法的時興

《1》動物磁性說與顱相學

17世紀到18世紀，自然科學突飛猛進，理性主義思維成為主流，不僅適用於自然現象，還延伸至社會與人類，逐漸改變人的意識。隨著公民革命和工業革命的到來，社會也加速邁向世俗化。然而，與自然科學的進步背道而馳，人們在精神上感到愈來愈空虛匱乏。此時所興起的魔法，不再是復興古代魔法，而是出現以科學為前提的新型態魔法。

由法蘭茲・安東・梅斯梅爾（Franz Anton Mesmer）於一七七五年首創的動物磁性說便是一例。動物磁性說其實是一種偽科學，認為宇宙中充滿帶有磁性的流體，當其滯留於人體內，便會引發疾病。可想而知，這股稱作「動物磁性」的流體，就是文藝復興魔法中「生命靈氣」的替代物。兩者的差別在於，動物磁性是基於當時已經證實存在的電力和磁力，具有科學背書。然而，安托萬・拉瓦節（Antoine Lavoisier）、班傑明・富蘭克林（Benjamin Franklin）等科學家所在的法國皇家委員會，指出這種流體沒有科學根據後，動物磁性說便一度失去公眾支持了。儘管如此，動物磁性說仍是以另一種形式存活下來，與人類內在力量結合，發展為催眠術（hypnotism），影響至19世紀。

與動物磁性說同時出現的偽科學還有顱相學。這門現在聽來陌生的學問，認為人的能力、性格與頭蓋骨形狀有關。此學說由醫師弗朗茲・加爾（Franz Gall）、約翰・斯普爾茨海姆（Johann Spurzheim）等人創立，而真正使其廣泛流行的契機，是蘇格蘭律師喬治・康比（George Coombe）於一八二八年時所出版的《人類的構造》（The Constitution of Man），尤其是英國和美國地區。顱相學將人的智力和情感與大腦的器官和功能連結，並根據頭蓋骨外型判斷其功能，認為一個人的資質與能力不是由家世或財富，而是由大腦結構決定，透過自身意志有可能提升原本發展遲緩的能力，因此受到大眾歡迎。至19世紀，動物磁性說與顱相學結合，形成「顱相動物磁性說」催眠術。

《2》占星術復興

隨著天文學發展，等同過時遺物的占星術應已消失；然而，事實正好相反，傳統占星術所蘊藏的魅力，抓住了人們早已對機械宇宙論感到厭倦的心。據說19世紀初的倫敦就住著將近100名（！）占星師，可見群眾對占星術有

▶**埃比尼澤・西布利**　蘇格蘭醫生，向史威登堡學習，在巴黎成為調和哲學協會的一員，並於一七八四年加入共濟會。一七八四年到一七九二年這段期間，出版了主要著作《占星術即天文學完全解說》（全四卷）。

多大的需求量，才能支撐這麼多占星師的生計。其中具代表性的占星師，包括西布利（Ebenezer Sibly）、拉斐爾（本名羅伯特・克羅斯・史密斯 Robert Cross Smith，化名拉斐爾 Raphael）和薩基爾（本名理查・莫里森 Richard Morrison，化名薩基爾 Zadkiel）等人。

埃比尼澤・西布利原屬喀爾文教派，後來成為史威登堡（Emanuel Swedenborg）的信奉者。他曾在亞伯丁接受過醫師訓練，並在巴黎成為調和哲學協會的一員。一七八四年，西布利

▶**路易十六和瑪麗・安東妮的天宮圖**　《占星術即天文學完全解說》中出現了路易十六（Louis XVI）和瑪麗・安東妮（Maria Antonia）的天宮圖，是關於出生和死亡的占星術圖解。

▲**受黃道十二宮影響的女性**　即使到了18世紀末，還是會出現文藝復興時期占星醫學的插圖風格。取自西布利的《神祕學詳解》（A new and Complete Illustration of the Occult Sciences，1790年）。

▲拉斐爾的《19世紀占星師》 這本書象徵了19世紀初占星術的時興，扉頁中央描繪著一把被黃道十二宮包圍的萬能鑰匙，意即占星術為解開宇宙奧祕之鑰。

▲召喚幽靈的愛德華·凱利（1）

▶召喚幽靈的愛德華·凱利（2） 魔法師站在魔法陣中召喚精靈的圖像，因西布利的《神祕學詳解》第二版將之作為插圖而廣為流傳。一般認為，這是伊麗莎白時代的魔法師約翰·迪伊和其助手凱利，站在教堂墓地的魔法陣中召喚幽靈；但實際上是凱利和保羅·威林（Paul Waring）在蘭開夏的教堂墓地進行實驗。

加入共濟會，並積極參與活動。其代表作為一七八四年到一七九二年這段期間出版的《占星術即天文學完全解說》（A New and Complete Illustration of the Occult Sciences，全四卷），結合了史威登堡思想與魔法占星術。根據西布利的說法，召喚魔法只會召喚出邪靈，善靈並不會回應召喚。自耶穌平息神怒後，邪靈的力量便衰弱了，幾乎不再有與魔鬼的契約；而善靈只是守護人類的存在，並不會遵循人類的指示。一七九二年，西布利還出版了一本《通往醫學與神祕學的鑰匙》（A Key to Physic, and the Occult Sciences），其中討論了萬物源自宇宙靈，以及透過原初物質（prima materia）創造萬物的過程。

羅伯特・克羅斯・史密斯（化名拉斐爾）於一八二二年出版了關於地占的小冊子《賢者梅林》（Merlin, the Wise: A Key to the Practice of Geomancy）。一八二四年，發行了週刊雜誌《流浪占星師》（The Stray Lamplighter），並刊載了占星師結社「水星會」（Mercurii）」的廣告。當時著名的柏拉圖主義者托馬斯・泰勒也有投稿《俄耳甫斯頌歌》（The Orphic Hymns）的翻譯。《流浪占星師》停刊後，他又接著發行主要討論占星術和魔法的月刊雜誌《烏拉尼亞》（Urania）。這本雜誌曾以〈神祕藝術家布雷克先生的誕生星位〉為題，刊登了威廉・布雷克的天宮圖。不過，這些雜誌最後都以失敗告終，於是史密斯整理草稿，彙整出版為《19世紀占星師：關於未來事件的萬能鑰匙、古代祕教指南、神祕學完整系統》，副書名中的「萬能鑰匙」還實際描繪在封面上。一八二五年，第七版的《19世紀占星師》增補了插圖，並與巴瑞特的《魔法師》（一八〇一年）一同成為19世紀初最具代表性的魔法書。

▶**法蘭西斯・巴瑞特**　19世紀初，出版一本象徵魔法復興的《魔法師》（一八〇一年）。於倫敦的馬里波恩設立教育神祕學的協會，親自規劃神祕學講座，學員人數限制在12人左右。

一八三二年，史密斯去世後，理查・莫里森成為英國最具代表性的占星師。他從海軍退役，化名薩基爾（木星精靈之名）出版了《薩基爾年曆》（Zadkiel's Almanac）。隨後，他表明批評牛頓天文學的立場，於一八六八年出版《新原理》（The New Principles of Astrology）一書。

《3》魔法的復興

19世紀初，一本象徵魔法復興的書籍問世，那就是法蘭西斯・巴瑞特的《魔法師》。世人對他的生平事蹟所知甚少，只知他曾做過藥劑師學徒，在格林威治和斯旺西嘗試進行熱氣球冒險。他開始接觸魔法，是有一次從在柯芬園經營舊書店的約翰・丹利（John Denley）那裡借了神祕學書。占星師西布利於一七九九年去世後，丹利便買下其收藏。巴瑞特在編纂《魔法師》時也有向丹利借原著書籍，但出版時完全沒提及，也沒贈書給丹利。值得一提的是，扉頁上繼「法蘭西斯・巴瑞特」這個名字之後寫著「FRC（玫瑰十字會同志）」，暗示其為玫瑰十字會的魔法書。

《魔法師》一書涵蓋自然魔法和鍊金術、天空魔法和護身符魔法、卡巴拉和儀式魔法，並刊載了特里特米烏斯、迪伊等眾多西方魔法師簡介。內容大多根據阿格里帕的《神祕哲學》（一六五一年英文版），還另外參考了偽阿格里帕的《神祕哲學第四書》（Philosophia Occulta, Libri IV）等書。

《神祕哲學第四書》英文版於一六五五年出版，其中收錄了被視為皮耶特羅·達巴諾（Pietro d'Avano）之作的《七日天使書》（Heptameron，刊載著後世多次引用的著名魔法陣）。雖說《魔法師》是否為原創這點難以評價，但其不僅留下許多闡述阿格里帕魔法世界的《神祕哲學》等書的插圖，還向19世紀初的英國讀者展示了歐洲魔法的大致輪廓。

此外，巴瑞特在倫敦的馬里波恩設立了教育神祕學的協會，以限制12人左右的學員為對象，親自規劃神祕學講座。儘管沒有協會設立的相關證據，但是有人號稱是巴瑞特的弟子，代表可能確實存在研究和修行魔法的私人團體。現存於倫敦惠康圖書館的《魔法師》初

▲巴瑞特《魔法師》中的邪靈（1） 巴瑞特的《魔法師》初版中收錄了數張彩色插圖。這張圖是巴瑞特為了這本書所準備的原畫，由B·葛莉菲斯（B. Griffiths）雕刻成銅版畫。

▲巴瑞特《魔法師》中的邪靈（2） 魔法師召喚出的邪靈，透過巴瑞特的《魔法師》等19世紀出版品廣為流傳。

版中，附有彩色的邪靈插圖，這些資料也被認為可能用於教學用途。如果學會真的成立，《魔法師》毫無疑問會成為其核心教本與根本文獻。

一八一五年，《鍊金術哲學家列傳》（Lives of Alchemystical Philosophers）以匿名出版。書名中的鍊金術哲學家原文為「alche *mystical* philosophers」，誠如斜體字所示，含有「神祕的」之意。一八八八年，與黃金黎明協會有關的亞瑟・愛德華・偉特編輯出版此書增補版。《魔法師》中也有關於鍊金術的章節，故有人認為《鍊金術哲學家列傳》的作者就是巴瑞特。無論如何，由此可見19世紀初存在對神祕鍊金術的需求。

II 威廉・布雷克「幻覺中看到的肖像」

《1》布雷克和卡巴拉

威廉・布雷克早期的作品都是清新的詩歌或散文詩，如：《天堂與地獄的婚姻》（The Marriage of Heaven and Hell，一七九三年）、《天真與經驗之歌》（Songs of Innocence and of Experience，一七九四年），後期卻開始創作令人費解的詩作，如：《彌爾頓》（Milton，一八〇八年）、《耶路撒冷》（Jerusalem，一八二〇年）。

其中，《耶路撒冷》第二章開頭有一篇〈致猶太人〉，內容便提到：「你們（猶太人）有一個傳統，認為古時人類龐大的身軀中蘊含天地萬物。」由此可見，布雷克知道卡巴拉中的原初之人亞當・卡蒙。

布雷克對卡巴拉的理解，很可能是經由18世紀的德魯伊主義傳入而得知，當時的倫敦也確實住著可以教授卡巴拉的猶太人拉比（Rabbi，編註：精通經典的宗教導師階層）。麥肯齊（容後再述）在《皇家共濟會百科全書》中也證實了，出身德國的猶太人約翰・F・法

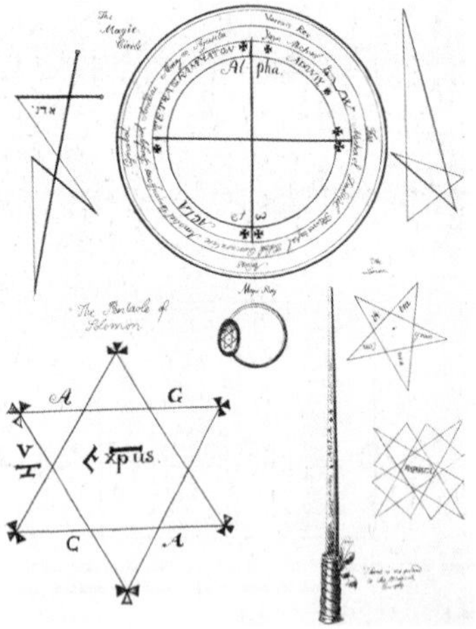

▲魔法陣（1） 出自巴瑞特《魔法師》。阿格里帕1550年版《神祕哲學》收錄的〈神祕哲學第四書〉中就有一張據說為皮耶特羅・達巴諾創作的《七日天使書》插圖，1655年英譯版中也有，巴瑞特修改後刊載於書中。除魔法陣，還描繪六芒星、五芒星和魔法杖等。

▼魔法陣（2） 根據魔法陣（1）所繪。底部記載的是月亮天使加百列的符號。取自阿格里帕的《神祕哲學》（1550年版本）。

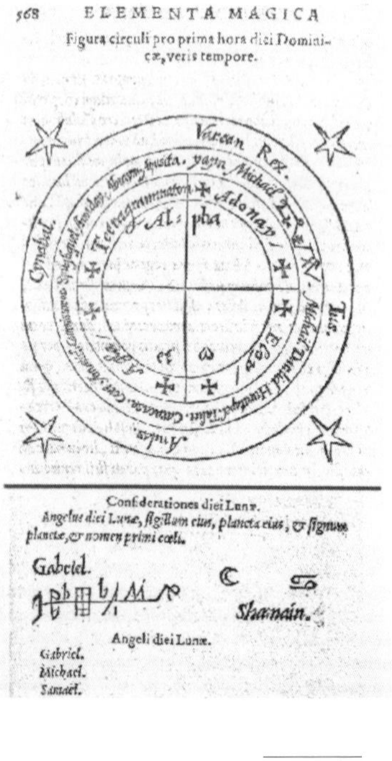

爾克（Johan F. Falck）在一八二四年於倫敦去世前擔任卡巴拉學院的院長，其父凱恩・法爾克（Cain Falck）也精通卡巴拉。同一時期，還有一位出生於波蘭的猶太人，名叫塞繆爾・J・C・法爾克（Samuel J.C. Falck），一七四二年從荷蘭到倫敦後，便一直待到一七八二年去世為止。其專長為實用卡巴拉，旨在可以實現人們世俗的願望，一般以「巴爾・謝姆（Baal Shem，神名之師）」之名為人所知。他一直在位於倫敦東區的自家中經營祕密學院，並在倫敦橋上某棟建築物的一室內設置了鍊金術實驗室。若麥肯齊說的凱恩・法爾克正是塞繆爾・法爾克，那麼他於一七四〇年設立的祕密學院可能就是卡巴拉學院的前身，且一直存續到一八二〇年代為止。後來的維斯特考特也明確提及約翰・法爾克的卡巴拉學院，並將其定位為黃金黎明協會的先驅結社。

◀**巴爾・謝姆（塞繆爾・J・C・法爾克）** 出生於波蘭的猶太人，有一說認為他是教授布雷克卡巴拉之人。

《2》占星術與顱相學

約一八一八年時，正值晚年的布雷克認識了比自己年輕35歲的畫家約翰・瑞內爾（John Rinell）。當時的布雷克飽受貧困之苦，瑞內爾委託他各種工作以支撐其生計。一八一九年，瑞內爾將布雷克介紹給水彩畫家約翰・瓦利（John Varley）。瓦利專職畫水彩畫，其中風景畫尤為著名，在倫敦擁有很多學生，瑞內爾就是其中之一。另一方面，眾人皆知瓦利的生活方式極其荒唐，比如他身為水彩畫教師擁有高達3千英鎊的年薪，卻因欠債被抓。而他還有一件感興趣的事情，那就是占星術。他從占星師西布利那裡學到了占星術的基礎知識後，將占星術和面相學結合，創造出「占星面相術」。

自一八一九年起約莫三年的時間，布雷克經常造訪瓦利的宅邸，並且在深夜舉行「降靈會」。降靈會於晚上九點開始，一直持續到淩晨五點，主要由布雷克看到幻覺，諸如蘇格拉底、在夢中教導布雷克繪畫的男人、所羅門王、建造金字塔的男人、卡拉塔庫斯（Caractacus，反抗羅馬軍隊的凱爾特布立吞人的族長、瓦特・泰勒（Wat

◀**布雷克和瓦利** 一八一九年起約莫三年的時間，布雷克（左）經常造訪瓦利（右）的宅邸，並在深夜舉行「降靈會」。取自約翰・瑞內爾的創作，一八二一年。

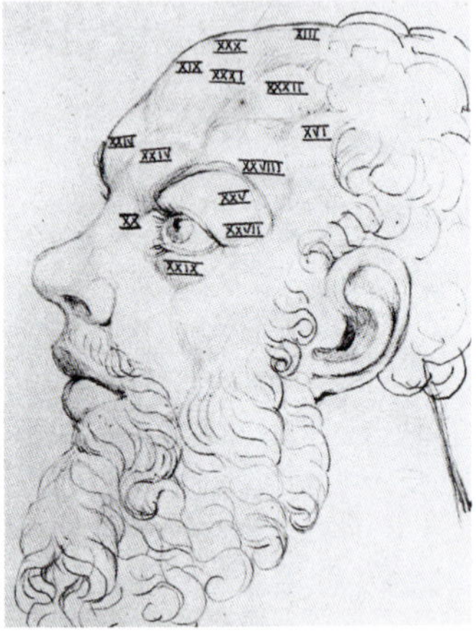

▶幻覺中看到的肖像《蘇格拉底》（1） 有人認為，布雷克幻覺中看到的肖像，是基於面相學和顱相學的知識所繪。顱相學是一種假說，以頭蓋骨與大腦形狀有關為前提，認為透過頭蓋骨形狀，可判斷一個人的能力和性格，盛行於19世紀的德國、英國、美國。

◀幻覺中看到的肖像《蘇格拉底》（2） 現代研究人員在蘇格拉底肖像上，添加了斯普爾茨海姆分類後的大腦功能編號。特別要留意的是XVI（耳朵上方周圍），也就是掌管「理想」的部分，斯普爾茨海姆將這個功能與「想像力」畫上等號。英國代表性的顱相學家喬治・康比，將這項功能與詩人、哲學家、畫家和雕塑家連結在一起。

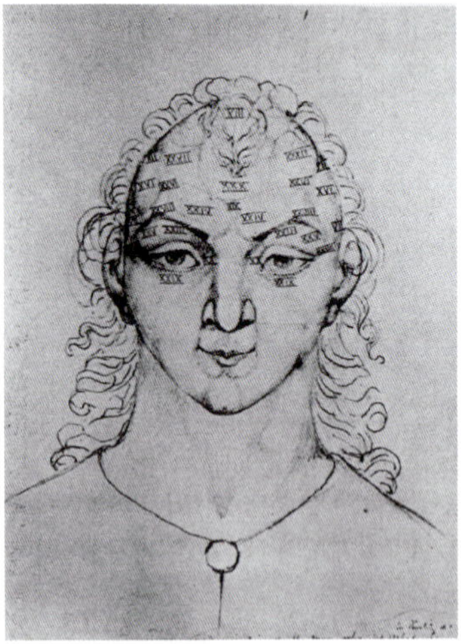

▲幻覺中看到的肖像《夢中教導布雷克繪畫的男人》（3） 和（2）一樣，添加了斯普爾茨海姆分類後的大腦功能編號。可見XVI也十分發達，是富有想像力的人物。

▶幻覺中看到的肖像《跳蚤的幽靈》（4） 其原型可能是羅伯特・虎克（Robert Hooke）在顯微鏡下觀察到的跳蚤詳細圖（《微物圖誌》〔Micrographia〕，1665年）。

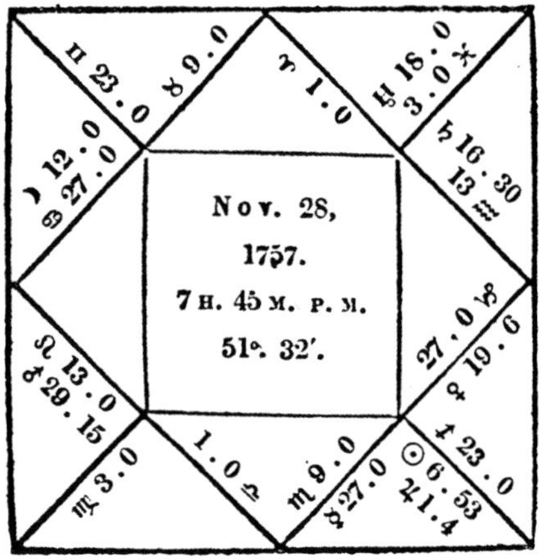

▶布雷克的天宮圖　瓦利創作的布雷克天宮圖，一八二五年以〈神祕藝術家布雷克先生的誕生星位〉為題，刊登於史密斯的占星雜誌《烏拉尼亞》上。

◀瓦利的肖像　著名水彩畫家約翰・瓦利的肖像素描，由布雷克創作。瓦利是占星面相術的創始人。

Tyler）的女兒等等，這些大量從黑暗中現身的幻覺就好像真實的模特兒，布雷克會一邊與之對話一邊畫下祂們的樣子。瓦利身為占星面相術創始人，卻沒有幻視的能力，因此布雷克描繪的幻覺給他帶來衝擊性的印象。一八二一年，瑞內爾以素描留下布雷克與瓦利面對面討論的情景。

將顱相學傳入英國的德國醫生兼顱相學家約翰・斯普爾茨海姆，著有《精神異常的觀察》（Observations on the Deranged Manifestations of the Mind，一八一七年）一書。布雷克曾經對此加註自己的見解，應當也具有顱相學的知識。此外，一八二三年，倫敦的石膏雕像製作者暨業餘顱相學家詹姆斯・德・維爾（James Deville）曾表示希望製作布雷克的真人面具，因為他認為布雷克是一位「想像力機能」發達的人，布雷克也同意了他的請求。而瓦利也自稱精通顱相學，讓人十分好奇當時兩人的對話中是否包含了顱相學的話題。

布雷克透過幻覺看到的肖像中，有一幅〈跳蚤幽靈〉。畫中的幽靈一身金綠色的鱗狀皮膚，左手拿著裝有血液的杯子，如刺的舌頭迅速從口中伸出。其原型其實是羅伯特・虎克於一六六五年出版的《微物圖誌》中，透過顯微鏡觀察所見的跳蚤詳細圖像，布雷克可能是在某處看到了這個形象。換言之，布雷克在與瓦利進行降靈會時所見幻覺，或許是他記憶深處的真實印象浮現於腦中的結果。

對占星術有著濃厚興趣的瓦利，曾替布雷克製作過天宮圖。如前文所言，這張天宮圖刊載於史密斯的占星雜誌《烏拉尼亞》（一八二五年）上。其中介紹布雷克是一位「神祕藝術家」，曾與米開朗基羅、拉斐爾、彌爾頓等人的靈魂對話，中央還記載著布雷克的生日「一七五七年十一月二十八日」。關於布雷克的神祕幻覺，則歸因於其受到「月亮位於第十二宮的巨蟹宮」所影響。此外，像布雷克這樣火星和水星呈九十度（方形）方位的人，被認為會有奇異思想。這張天宮圖上，除了傳統的七大行星，還加入了赫雪爾（Wilhelm Herschel）於一七八一年時所發現的天王星。

布雷克的《〈約伯記〉插圖》

威廉・布雷克與華茲渥斯（William Wordsworth）、柯勒律治（Samuel Taylor Coleridge）齊名，在如今被視為偉大的浪漫主義詩人，但他生前銅版畫家的身分更為人所知，並以雕版插畫維持生計。當中許多賺錢的原畫也並非出自他手，而是由其他畫家繪製，他只是負責將之轉刻為銅版畫。由布雷克既負責原畫又親自雕版的作品中，最著名的就是一八二六年的《〈約伯記〉插圖》。此作是應畫家約翰・瑞內爾的委託而製，以21張插圖呈現《舊約聖經》中的《約伯記》，濃縮了布雷克的世界觀，成為超越單純插圖的傑作。布雷克早在一八二〇年前後（一八一〇年到一八二一年），便以《約伯記》為題繪製了21張水彩畫，銅版畫即依此而做。布雷克宏大的詩作《預言集》（The Prophecies），內容與表現形式都極難理解，難以掌握其核心；與之相對，晚年創作的《〈約伯記〉插圖》則以21張（加上扉頁為22張）插圖，視覺化表達布雷克世界觀，更容易理解。本單元將聚焦圖版6、11、16、18，看看布雷克如何表現惡魔（撒旦）。

圖版6是約伯接受撒旦考驗的場景。撒旦讓約伯的全身長滿了噁心的腫瘍，使約伯無法接收並感覺到神之光。太陽沉入左邊的海中，直到最後一張圖都沒有出現。

圖版11是約伯最苦悶的時刻。撒旦全身纏繞著蛇、雙腳裂開，右手指著《法律之書》。約伯躺在死亡的床上，3個從地獄烈焰中現身的

▲布雷克的《〈約伯記〉插圖》圖版11　撒旦全身纏繞著蛇、雙腳裂開，右手指著《法律之書》。約伯躺在死亡的床上，3個從地獄烈焰中現身的惡靈正試圖用鎖鏈束縛他。

▲布雷克的《〈約伯記〉插圖》圖版6　1826年畫家約翰・瑞內爾的委託而製，以21張插圖呈現《舊約聖經》中的《約伯記》。圖版6是約伯接受撒旦考驗的場景，撒旦讓約伯的全身長滿了噁心的腫瘍。

惡靈正試圖用鎖鏈束縛他。撒旦與約伯長著相同的面貌，象徵人受自我意識囚禁的狀態。

圖版16是擊敗撒旦的場景。約伯和其妻子看著撒旦一頭栽進地獄熊熊烈火中。撒旦兩側描繪著看似約伯和其妻子的身影，象徵兩人仍處於自我意識支配之下。然而此刻，那份自我意識正與撒旦一同消失在淨化的火焰中，代表神性的想像力即將甦醒。圖像上方，神與兩位大天使一同出現，值得注意的是，這裡神的面貌再次與約伯重疊。

圖版18是約伯戰勝撒旦後，進行燔祭（holocaust）的場景。燔祭為古代猶太教的一種儀式，於祭壇上焚燒動物以獻給神。而約伯在這裡獻上的是象徵「舊我」的自我意識，向真正具有神性的想像力祈禱。這張圖的特徵是呈現了幾何構圖，包含半圓形的太陽、三角形的火焰、正方形的祭壇。呈四角形的石堆代表著地上世界，自我意識經祭壇火焰燃燒殆盡後，飛向太陽（象徵具有神性的想像力）的高度。此外，場景顯然設定在夜晚，此處描繪的太陽使人聯想到「午夜的太陽」（阿普列尤斯《金驢記》中也有出現）。周圍的樹木也隱隱構成圓形，就像古代凱爾特人的德魯伊祕教神殿一樣，也可以看作是從召喚精靈的魔法陣轉變而來。左下書中所記載的經文取自《馬太福音》5：48：「你們要完全，像你們的天父完全一樣。」此外，主圖四周由上至下描繪了6位天使、長著豐穗的小麥、畫家用的調色板、銅版畫用的雕版工具刻刀等等。象徵藝術乃是

◀布雷克的《《約伯記》插圖》圖版16　約伯和其妻子看著撒旦一頭栽進地獄熊熊烈火中，自我意識隨著撒旦一同消失在淨化的火焰中，代表神性的想像力即將甦醒。

◀布雷克的《《約伯記》插圖》圖版18　燔祭為古代猶太教的一種儀式，於祭壇上焚燒動物以獻給神，而約伯在這裡獻上的是象徵「舊我」的自我意識，向真正具有神性的想像力祈禱。

神性具象化的表現形式，詩人在近代世界中擔任預言者的角色，這正是布雷克的主張。

布雷克的《〈約伯記〉插圖》表面上是一組描繪約伯受難故事的作品，實際上卻可視為布雷克借約伯之形，呈現現代自我意識（理性）與神性（想像力）之間的矛盾。作為此世之王的撒旦並非虛構之物，而是真實存在於人類內在的自我意識中。多數人受限於理性而封閉感官，無法感受到無限喜悅與大自然光輝。人唯有克服這種自我意識、喚醒想像力，才能真正覺醒神性。這個瞬間，世界將沐浴在神的榮光之中——這便是《〈約伯記〉插圖》所欲傳達的主題。順帶一提，布雷克在確定想像力這個用語之前，將其稱為「天賦（genius）」，指代這種萬物內在的神聖力量。

▶**布雷克的想像力**　布雷克為約翰・米爾頓（John Milton）的《失樂園》（Paradise Lost）插圖所製的圖版之一，描繪了基督戰勝撒旦的誘惑。若說撒旦是人類狹隘的自我意識，基督則象徵著引導人類進入神聖境域的想像力。

▼**布雷克的以諾**　從整體構圖來看，一般認為描繪的是約伯及其家人，但K・雷恩（K. Rain）在《神的人類面孔》（The Human Face of God）提出另一解釋，認為圖中人物是以諾。畫面中央人物的膝上放著寫著希伯來語「以諾」的書，旁邊引用經文出自《創世記》5：24。圍繞在外的3名年輕人分別象徵音樂、繪畫、詩歌，故作品主題應同布雷克的理念：以諾被帶往的神聖世界，是由想像力所構築的異象世界。本作創作於1807年前後。

Ⅲ 肯尼斯・麥肯齊的人脈

《1》麥肯齊的出現

與占星術、顱相學並列，成為19世紀神祕學領域重要一環的技法之一的，即為「水晶凝視」。這種技法在當時頗受中產階級歡迎，常作為晚餐聚會後的娛樂活動。一八四二年，愛德華・布爾沃－李頓的小說《扎諾尼》（Zanoni）出版，故事主軸為玫瑰十字會這個神祕結社及其魔法。一八四八年，海德維爾事件（編註：Hydesville小鎮為福克斯三姊妹故居）成為催化劑，引發了橫掃歐美的唯靈論（編註：與死者靈魂進行交流）熱潮。一八五六年，法國的艾利馮斯・李維則出版了主要著作《高等魔法的教義與儀式》（Dogme et Rituel de la Haute Magie），成為19世紀的代表性魔法師。李維的核心概念「星光（astral light）」與動物磁性說的磁性流體具有極為相似的特性，可見19世紀魔法的思想脈絡與背景。

在這之中，有一位人物親身經歷這一連串神祕學潮流、參與多個魔法結社，並對19世紀後半最具影響力的神祕組織「黃金黎明協會」帶來巨大的影響——那就是肯尼斯・麥肯齊。接下來將介紹他的生平，並探討他與霍克萊（Frederick Hockley）、李維、布爾沃－李頓等人之間的交流與互動。

一八三三年，麥肯齊出生於倫敦東南部的德特福德。他的父親是一名醫生，曾經到維也納工作，所以他的童年是在維也納度過的。父母返回英國後，他還是繼續留在奧地利接受教育，

▲布爾沃－李頓　1803年出生於倫敦，自10歲左右起便開始寫詩，過著充滿文學的生活。就讀劍橋大學時尤其對古代史感興趣，對其後來創作《龐貝的末日》（The Last Days of Pompeii）一書提供了豐富的背景知識。年輕時熱愛社會主義學家羅伯特・歐文（Robert Owen）的著作，後來更是直接與歐文會面，留下深刻的印象。1827年結婚後，他正式展開寫作生涯。1831年開始參與政治活動，兼顧文學和政治兩個領域。精通德語、西班牙語和義大利語，在翻譯領域意有所成就。

▶布爾沃－李頓　其著作《扎諾尼》以法國大革命時期的恐怖統治為背景，最後主角扎諾尼基於對維奧拉的愛，選擇自我犧牲、英勇赴死。

▶肯尼斯・麥肯齊　因編輯《皇家共濟會百科全書》而聞名，和李維、霍克萊、布爾沃－李頓、維斯特考特、法蘭西斯・歐文（Francis Irwin）等人是朋友，為瞭解19世紀英國神祕學的關鍵人物。據說也參與製作黃金黎明協會的《密碼手稿》。

因此能像母語人士一樣使用德語。直到18歲時，他才回到英國，並開始運用擅長的德語，為學術期刊《備註及疑問》（Notes and Queries）等翻譯、撰寫評論。譯作包括歌德（Goethe）的《浮士德》（Faust）、戈特霍爾德·埃弗拉伊姆·萊辛（Gotthold Ephraim Lessing）的共濟會對話《恩斯特與法爾克》（Ernst and Falk）。一八五一年，麥肯齊開始修行水晶魔法，並於一八五八年到一八五九年這段期間跟隨弗雷德里克·霍克萊學習魔法，這加深了他對神祕學的興趣。

《2》霍克萊的水晶凝視

霍克萊曾在倫敦柯芬園由約翰·丹利所經營的書店裡工作，並一直從事謄寫占星術等神祕學相關文書和抄本的工作。他於一八二四年左右開始修行水晶凝視，但因不具幻視能力，和迪伊需要凱利這種靈能者一樣，他必須透過靈媒才能召喚精靈。霍克萊稱其靈媒為「凝視者（speculatrix）」，實際上是由一位名叫艾瑪·李（Emma Lee）的少女擔任。其做法是將想向精靈提問之事告訴靈媒李，李再召喚出精靈（第七天球加冕天使）問出答案。最初，水晶球的中央會出現一團霧狀物，隨後浮現訊息。李大聲朗讀訊息，霍克萊則負責記錄。值得注意的是，這種儀式可視為一種降靈會，整個過程以虔誠的祈禱作為開端，最後則以感謝基督與天使的祈禱作結，由此可見基督教信仰在其中扮演核心角色。

霍克萊在一八五〇年代結婚的妻子，也對唯靈論深感興趣，同時還具備靈媒能力。霍克萊從妻子逝世到自己去世的30幾年間，都一直與靈性世界交流，可見他深深愛著妻子。據信麥肯齊便是跟霍克萊學習水晶凝視等魔法基礎知識。

《3》與艾利馮斯·李維的會面

一八六一年，麥肯齊來到了巴黎，而這趟旅程不僅是為了和他從維也納搬來的父親見面。十二月三日和四日，麥肯齊拜訪了住在德曼街的阿爾方斯－路易·康斯坦（Alphonse-Louis Constant）神父（即艾利馮斯·李維）。當時兩人會面的情景，被詳細記錄在一八七三年的《玫瑰十字會與紅十字架》（The Attack on the Rosy Cross and the Red Cross）雜誌中。麥肯齊於上午10點左右拜訪李維家，聊了英法的神祕學現狀。期間他們也談到了顱相學，李維還觀察到麥肯齊的頭蓋骨形狀適合研修神智學。李維是第一個有系統地展示22張大阿爾克那塔羅牌與希伯來語22字母之間對應關係的人，當麥肯齊詢問《高等魔法的教義與儀式》中提及的塔羅牌完整版本時，李維回答說他已經準備發表，還展示了自己繪製的卡牌。而對於唯靈論中透過精神與死者交流一事，李維則持否定態度。另一方面，李維對布爾沃－李頓抱持高度評價，認為其在各領域皆有深厚造詣、相當博學。

李維曾於一八五四年和一八六一年前往英國，到布爾沃－李頓位於赫特福郡內博沃斯的廣大領地拜訪，並住在那裡。布爾沃－李頓在魔法領域的造詣深厚，可以推測李維在與他交流的期間應學到不少，並從中獲得魔法上的啟發。一八五五年唯靈論最鼎盛的時期，代表性的靈媒丹尼爾·鄧格拉斯·霍姆（Daniel Dunglas Home）也到訪英國，並於內博沃斯舉行降靈會。不過，布爾沃－李頓和李維一樣，對唯靈論中亡靈會顯現的看法抱持懷疑態度。

▶**26歲的艾利馮斯・李維**　一八一〇年出生於巴黎的工匠之家，本名為阿爾方斯－路易・康斯坦。天生聰明，母親希望他成為天主教神父而送他至神學院就讀。不過，他後來成為社會主義者，還因涉嫌異端而遭到監禁。約一八五一年時，他將名字改成希伯來語風格，開始自稱艾利馮斯・李維。一八五六年出版的《高等魔法的教義與儀式》，成為象徵法國魔法復興的著作。

◀**52歲的艾利馮斯・李維**　一八六一年，麥肯齊與李維見面，他描述李維的身形矮小卻健壯、目光銳利、嘴唇小而好看、留著落腮鬍，略禿的額頭令人印象深刻。

一八五四年，李維造訪倫敦的時候，還進行了一場召喚提亞納的阿波羅尼烏斯（Apollonius of Tyana）靈魂的實驗，詳載於《高等魔法的教義與儀式》教理篇第13章中。

當時，李維受邀於一位對魔法非常感興趣的婦人。他為了嘗試達成完美的招魂實驗，做了21天的準備。終於到了實驗當天，他在一間為此特地準備的房間中開始儀式。房內有著四面凹鏡、白色大理石祭壇、刻有五芒星的白色大理石、鋪於祭壇下方的嶄新白羔羊皮、大理石桌、焚香用銅爐，以及魔法服（類似天主教神父穿著的白色長袍）、儀式用劍與典禮書。李維唱頌典禮書中的咒語，召喚提亞納的阿波羅尼烏斯之靈。不久，鏡中便浮現一位瘦削而憂傷的白色人影。

儘管如此，李維並不認為這證明了靈魂真的從高階領域下降到我們面前、與我們進行交流，應該是我們主動朝高階領域靠近才對。他還進一步闡述，「靈光」如同一般磁性的共同儲存槽，而我們只是喚起了祂們殘留於其中的記憶而已。

《4》《扎諾尼》的魔法

李維的招魂實驗，與他高度讚賞的布爾沃－李頓的小說《扎諾尼》中所描述的玫瑰十字會魔法，有一些相似之處。《扎諾尼》中的魔法這門學問就如同梅斯梅爾所提倡的磁性流體，致力於探求隱匿於自然中的奧祕，認為自然由電氣般無所不在的不可見流體維繫，並重視這隱藏其中的共感關係。小說主角扎諾尼召喚亞多乃（Adonai）精靈的同時，學到了所有的智慧，包括人類的愛與死亡的奧祕。這個設定就建立在「不違背自然科學原理」的前提下，與靈光（即星光）為動物磁性說的磁性流體並無矛盾。

其中，扎諾尼的弟子格林登（Glyndon）在魔法師梅納（Mejnour）房間裡按部就班進行的操作，不禁讓人想起李維的招魂實驗，如同中世紀的召喚精靈儀式，先將9個油燈排在房間中央後點火，打開小水晶瓶的塞子、吸入高揮發性的靈氣，再將靈藥塗抹於太陽穴。這裡所使用的藥物可能就類似致幻劑。接著，油燈的火焰中會出現光，飄散出的氣體如雲般變成類似人的影子，最後幻化成妖怪（邪靈）。這個妖怪自稱「門口的守護者（the Guardian of the Threshold）」，以現代觀點來說，類似於沉入到個人意識與其下層潛意識之間的過往記憶；在魔法領域上，則是魔法師所顯現的「本性」。魔法師唯有面對並克服沉重的過去與內在黑暗，才能進入所謂的「不死領域」。《扎諾尼》中，這超越外在世界、充滿光輝的不死之境，以新柏拉圖主義術語稱為「奧戈伊德（Augoeides）」。

《5》麥肯齊與英國玫瑰十字會

話題回到麥肯齊。麥肯齊從巴黎回來後，住在倫敦的叔叔約翰·哈維（John Harvey）家裡。這位叔叔是著名的共濟會成員，很可能曾鼓勵麥肯齊加入共濟會。然而，當時麥肯齊對共濟會思想的理解甚至超過一般成員，因此並未立刻入會，直到一八七〇年才成為共濟會成員，但不到一年就退會了。或許是共濟會的性質更像社交俱樂部，他對此並不感興趣。

一八七二年，麥肯齊加入英國玫瑰十字會（SRIA）的大都會分會，成為第一階成員。英國玫瑰十字會是羅伯特·W·利特爾（Robert W. Little）於一八六六年所創，他原為英國共濟聯合總會職員，後來根據自己發現的古老儀式文書，創立了這個致力於研究玫瑰十字思想的組織。

英國玫瑰十字會並非共濟會組織，但是只有到達共濟會導師位階者才有資格入會。儘管麥肯齊沒有成為共濟會導師的紀錄，但據說他接受過德國玫瑰十字會的入會儀式而特准了。順帶一提，霍克萊同年也加入了英國玫瑰十字會，並因其在神祕學領域的知識超出一般成員的水準，而直接受封第七階。一八六四年，霍克萊於倫敦的共濟會酒館加入共濟會，並於一八六七年晉升為導師。他對共濟會的入會儀式深感興趣，一八六五年接受皇家拱門儀式後，還探討了其象徵意義。

英國玫瑰十字會在倫敦、布里斯托、曼徹斯特、愛丁堡等地都設有分會。共濟會的分會稱作「會所（lodge）」，英國玫瑰十字會的分會則稱作「學會（college）」。其組織架構與後來的黃金黎明協會多有相似，最大的不同是英國玫瑰十字會不允許女性加入。在這裡，麥肯齊積極參加聚會，並擔任重要職位參與管理，數度在聚會上發表論文。然而，一八七五年，麥肯齊與最高領袖利特爾發生衝突而退會。

《6》編輯《皇家共濟會百科全書》

此後，麥肯齊還是繼續加入各種結社，包括以實瑪利結社、光友愛團、薩托·布哈伊皇家東方結社、史威登堡儀式等。

以實瑪利結社創立於一八七二年，性質類似共濟會，由有9個位階的4個教團組成。其是否真實存在尚無定論，但據說領導者是稱作「chief（首席導師）」的三位最高導師。

光友愛團則由共濟會的退役軍人成員法蘭西斯·歐文創立於佛羅倫斯，其聲稱是從水晶凝視中接收到自稱卡廖斯特羅伯爵之靈的啟示，連費奇諾、史威登堡、巴斯加（Pascalis）、聖馬丁（Saint-Martin）、梅斯梅爾等人都有。歐文不僅邀請了麥肯齊，還希望他的朋友霍克萊、班傑明·考克斯（Benjamin Cox）等人加入。

薩托·布哈伊皇家東方結社是由陸軍軍官勞倫斯·阿徹（Laurence Archer）在印度所創，以7個位階組成。前三階男女都可加入，但從第四階開始就需要具備共濟會導師資格。

麥肯齊起初十分積極地準備薩托・布哈伊皇家東方結社入會儀式綱領，但不到2年就失去興趣了，轉而對一八七〇年左右誕生於加拿大的史威登堡儀式感到好奇，並在這結社待了好幾年。在英國，是由著名的共濟會成員約翰・亞克（John Yarker）統籌史威登堡儀式事務，麥肯齊一開始也有提供協助，但是最後發生衝突而分道揚鑣。

一八七五年至一八七七年，麥肯齊出版了六冊《皇家共濟會百科全書》。其中不僅提到各種旁支共濟會結社，還以大量篇幅探討了卡巴拉、玫瑰十字會、卡廖斯特羅伯爵等主題。這部作品的出版時間點，恰好緊接在一八七四年由阿爾伯特・麥基（Albert Mackey）編輯的《共濟會百科全書》（Encyclopedia of Freemasonry）之後。麥基的著作專注於主流共濟會體系，兩者形成了鮮明對比。此外，《皇家共濟會百科全書》還列出約莫在2年前去世的艾利馮斯・李維，有意無意地提到他與李維曾是朋友：「阿爾方斯－路易・康斯坦（李維）神父，是一位著名的哲學魔法書作家，也是光友愛團的成員。他作為天主教神父，卻遭想像力和學識都不及他的人們逐出教會。以筆者（麥肯齊）對他的認識，他從不裝腔作勢，也不會驕矜自滿，這份品格毫不遜色於人。」在「玫瑰十字會思想」條目中，則刊載了由9個位階組成的黃金玫瑰十字會組織圖。從第一階標示9＝1、第九階標示1＝9，以數字顯示位階高低，可見其與卡巴拉源體之間的關係，預示了後來的黃金黎明協會所發展出的體系。此外，其中還收錄了「宇宙與人類組成」的有趣插圖，為瞭解此時期神祕學世界觀的關鍵指南（參照COLUMN❹）。

一八八三年，一個名為「八人協會」的神祕學研究組織成立，主要研究

▲**法蘭西斯・歐文**　「八人協會」設立於一八八三年，參加者包括法蘭西斯・歐文、肯尼斯・麥肯齊、弗雷德里克・霍克萊、班傑明・考克斯、弗雷德里克・霍蘭德（Frederick Holland）、約翰・亞克，以及維斯特考特、W・A・艾頓，後來麥克達格・馬瑟斯也加入，成為備受矚目的黃金黎明協會關聯結社。

▼**約翰・亞克**　加拿大的史威登堡儀式在英國的發起人之一，且活躍於曼徹斯特的共濟會長老。孟菲斯米斯萊姆東方儀式（Rite of Memphis-Misraim）汲取了卡廖斯特羅伯爵埃及共濟會的流程，擁有97位階，亞克也是其在英國的領導人。

課題為鍊金術。其成員除了光友愛團的麥肯齊、歐文、霍克萊、考克斯這四個人之外，還有弗雷德里克・霍蘭德、約翰・亞克、威廉・韋恩・維斯特考特、W・A・艾頓牧師（William Alexander Ayton）。霍克萊去世之後，則由麥克達格・馬瑟斯加入成為成員，後來更是成為黃金黎明協會的領導核心。

其中，霍蘭德是指導馬瑟斯卡巴拉之人；艾頓牧師則是一位著名的狂熱鍊金術師；約翰・亞克為共濟會長老，也是孟菲斯米斯萊姆東方儀式的領導人。

麥肯齊對這個小組織抱有極高評價，認為八人協會是比英國玫瑰十字會還高出好幾個等級的結社。

一八八六年，麥肯齊因長期酗酒，在53歲生日時去世。其魔法、占星相關遺稿大部分都交給維斯特考特，這當中有極高的可能性包含了那份黃金黎明協會成立關鍵——《密碼手稿》。若此說屬實，麥肯齊可說是橫貫三方的核心人物：繼承李維和霍克萊等人的神祕學後，經歷歐文和亞克等人的旁支共濟會流程，傳遞給維斯特考特和馬瑟斯等人。據信，維斯特考特從麥肯齊夫人那裡收到內含《密碼手稿》的麥肯齊遺作後，為表謝意，於一八八八年三月讓夫人加入伊西斯烏拉尼亞神殿，她的教團名便是依據麥肯齊的筆名「Kryptonymus」而來，取作Kryptonyma。

COLUMN 4

肯尼斯・麥肯齊於《皇家共濟會百科全書》的「生命靈氣（spirit）」條目中附加的插圖，有助於理解英國玫瑰十字會和神智學協會成立時期的神祕學，是如何看待生命靈氣及人類的內在。

這張插圖是由頂部的2個三角形，和底部的1個長方形組成。三角形象徵超越世界的神性，長方形則象徵被創造出來的世界。從上往下看，第一個三角形存在卡巴拉至高神性「EN SOPH」（編註：即無限ein sof），還有創世前處於混沌的三位一體，故三角形內部顯示了三重的T（塔夫）符號。隨著「創造意志」，原本處於混沌的三位一體發展成3個源體，此即第二個三角形所代表的事物：父（Kether）、子（Chochma）、聖靈（Binah），配置於三個頂點。第二個三角形的內部寫著希伯來語的Yod，兩側誕生出創造（Birth of）與生命靈氣（Spirit）。基督教的三位一體與卡巴拉一開始的3個源體重疊，顯示生命靈氣來自於神。

底部的長方形分割成9個領域，代表被創造的世界。從上往下看，最上方的第九領域是天使天體，兩側分別為慈悲（Chesed）和嚴厲（Geburah）；第八領域是受祝福的靈魂；

麥肯齊的宇宙圖

第七領域是雅各的天梯、進化的7顆天體，以及美麗與平衡（Tiphereth／Tiphareth，照亮靈性世界的靈性太陽），兩側是行星的天空；第六領域是記錄大氣的地方，兩側分別為勝利（Netzah／Netzach）和宏偉（Hod）；第五領域是大地的天體，以及根基（Jesod／Yesod，照亮大地的物質太陽）；第四領域是人類的睿智，以及王國（Malcuth）；第三領域是動物界；第二領域是植物界；第一領域是礦物界，兩側三角形為鍊金術符號，朝下代表水、朝上代表火。其中生命靈氣不僅作用於天使和人類世界，也會在動物、植物和礦物界中發揮作用。

這之中有兩點值得注意。第一點，根據麥肯齊的說明，第六領域「記錄大氣的地方」意即地上之人的道德和理性行為，都會以生命靈氣的活動形式所記錄下來。而這種人類所有舉動都不會消失、而會被記錄下來的想法，與布雷克的「羅斯大廳」、葉慈的「偉大記憶」有關。羅斯為《耶路撒冷》中布雷克神話體系的先知詩人，而歷史上發生的一切都會存在於羅斯大廳之中；偉大記憶則為葉慈〈魔法論〉（A Vision）中的核心概念之一，為集體無意識的儲藏庫。第二點，是關於整張圖最底部左右兩側的向上和向下三角形，其各代表火與水的鍊金術符號，以兩者象徵宇宙中的二元對立。插圖說明中提及此為宇宙中的兩種靈性，能動性與電性的作用因，其意義近似於神的氣息，充滿於宇宙並活化萬物。

此外，這張圖的有趣之處在於不僅可以理解成宇宙構造，還可以表現出人類的內在。以人類內在來看時必須倒著看，四角形在上方（或外側）、三角形在下方（或內側）。人類的意識依序由肉體、感覺、意識、記憶組成，底下才是靈魂與神性。意識世界中心象徵靈性太陽的Tiphereth，相當於想像力或直覺這種神聖能力，可以洞悉意識和潛意識整體。而正如圖所示，以三角形表示的神聖世界是地上人類無法掌握的領域，但是人可以透過想像力反映神的想法，藉此與神接觸。

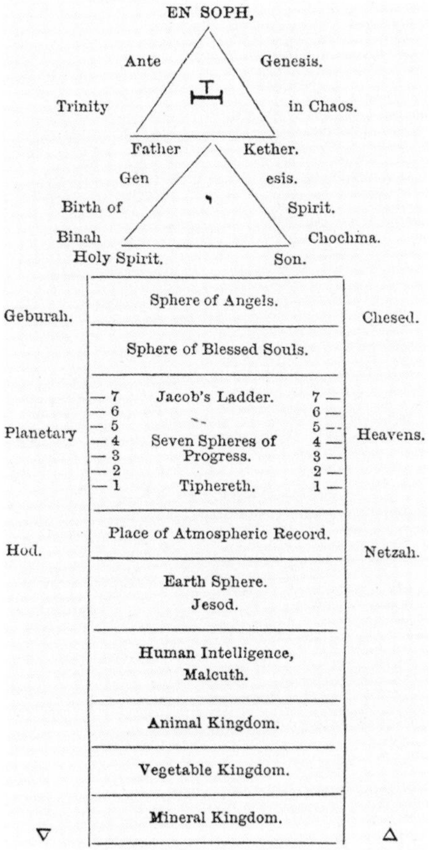

▲麥肯齊的宇宙圖

將這張圖與黃金玫瑰十字會（《玫瑰十字會的祕密象徵》〔Secret Symbols of the Rosicrucians〕）、神智學（弗朗茲・哈特曼〔Franz Hartmann〕的宇宙圖）、黃金黎明協會的插圖等做比較，即可窺見19世紀神祕學的核心觀。此外，由此可見近代魔法其實是一種心理學，引導追隨者邁向自我進化或自我完成之路。

第三章 黃金黎明協會登場

I 英國神智學協會與荷米斯協會

《1》中產階級的出現與結社

誠如上一章所介紹的，19世紀上半葉到中葉，共濟會周邊組成了各種魔法結社。當時多為成員寥寥幾人的研究團體，但到了19世紀後期，參與這些結社的人們的意識產生變化，組織的規模隨之大幅擴展。一八六〇到一八七〇年代，大英帝國稱霸世界。資本主義雖引發階級鬥爭、經濟蕭條、失業等社會問題，人們無庸置疑獲得比以往更自由的生活。尤其值得注意的是，在上層階級和工人階級之間出現了一群被稱為中產階級的人。不同於擁有貴族頭銜的統治階級，中產階級能夠自主規劃人生，諸如律師、醫生、商人、學者、牧師等，這些人作為「市民」逐步成為社會的中堅力量。中產階級尤其關心教育，並開始自發地投入於自我塑造或自我改善的

▲45歲左右的布拉瓦茨基夫人 1875年，布拉瓦茨基夫人和奧爾科特上校（Colonel Olcott）創立了神智學協會。圖為約1876年時年輕的布拉瓦茨基夫人。

▲**56歲的布拉瓦茨基夫人**　一八八五年，最後離開印度時，繞行歐洲並於2年後才抵達倫敦。這張照片是她正在創作《奧祕的信條》（The Secret Doctrine）時所拍攝的。

課題之中，女性參與社會更是進一步推動了這股趨勢。當時的女性無法進入大學，政治活動也處處受限，但她們依然積極尋求社會參與與自我實現的空間。在這樣的背景下誕生的代表性魔法結社便是「黃金黎明協會」，其出現牽涉了多種複雜的社會與文化因素。

一八七〇年代出現的諸多結社中，最成功的當屬神智學協會。該協會由布拉瓦茨基夫人和奧爾科特上校，於一八七五年九月在紐約的一場聚會中提出設立計畫，並於同年十一月十七月正式成立。一八五〇年代起，唯靈論橫掃歐美造成流行，標榜東方（特指印度）神祕主義的神智學緊隨其後興起。一八七七年，英國維多利亞女王加冕為印度女皇的同時，布拉瓦茨基夫人出版了代表作《揭開伊西斯的面紗》（Isis Unveiled），可見是具有象徵意義的。此時期，神智學協會也將總部從紐約遷至印度，轉而以印度作為活動中心。

《2》英國神智學會成立

實際上，英國神智學協會很早便開始籌組。英國律師查爾斯・馬西（Charles Massey）即為創始成員之一，從美國回來後就和朋友一起組織了神智學團體。其中一名成員約翰・亞克寫了一封信給布拉瓦茨基夫人，提議組織英國神智學協會。一八七八年六月，英國神智學協會正式成立，由馬西擔任會長。成員包括熱衷於鍊金術的牧師W・A・艾頓、畫家伊莎貝爾・德・斯泰格（Isabel de Steiger）、因鍊金術著作聞名的瑪麗・安妮・阿特伍德（Mary Anne Atwood）、神祕學家彼得・戴維森（Peter Davidson），還有本身為靈媒且十分活躍的施坦頓・莫塞斯（Stainton Moses）。順帶一提，馬西也深受唯靈論吸引，使唯靈論成為英國神智學協會的重要關注領域之一。

一八八三年，一名獨特的人物也加入了英國神智學協會，那就是早期的女性主義運動先驅——安娜・金斯福德。她出身富商家庭，嫁給施洛普郡英格蘭教會的牧師阿爾傑農・金斯福德（Algernon Kingsford）為妻，但不久後便疏遠了。一八七〇年，安娜・金斯福德改信天主教，開始關心保護動物議題。一八七四年，因索邦大學醫學院允

▲**安娜・金斯福德**　年輕時嫁給英格蘭教會的牧師阿爾傑農・金斯福德，但兩人不久後便疏遠了。1874年前往巴黎並取得醫師資格，1883年從巴黎回到倫敦，加入英國神智學協會。

▲蘭斯唐路17號住宅　從倫敦的牛津街往西走，經過海德公園後會看到荷蘭公園，這裡是豪宅林立的高級住宅區。布拉瓦茨基分會就位在蘭斯唐路17號，吸引來自美國、法國、瑞典等國、對神智學有興趣的人前來。

許女性入學，她前往了巴黎並取得醫師資格。這期間，她結識了年長她22歲的愛德華・梅特蘭（Edward Maitland）。梅特蘭本打算在劍橋大學畢業後做牧師，不過在他遊歷加州、雪梨等地並回到倫敦後，安娜・金斯福德在取得丈夫同意下，與梅特蘭一同留在了巴黎。一八八二年，兩人匿名出版了主要著作《完美之道，即發現基督》（The Perfect Way, or The Finding of Christ），主張一種融合轉世和內在基督概念的神祕基督教，其思想頗具阿朗・卡爾代克（Allan Kardec）的色彩。一八八三年一月，安娜・金斯福德從巴黎回到倫敦後，便和梅特蘭一起加入了英國神智學協會。不久後，她便成為倫敦分會的會長，梅特蘭則擔任副會長。然而，她重視基督教的立場，逐漸引發與印度派神智學成員之間的衝突。

一八八三年，在印度直接受布拉瓦茨基夫人指導的記者阿爾弗雷德・西內特（Alfred Sinnet）回國，主張自己也可以和靈性導師交流。他於回國2年前的一八八一年出版《神祕世界》（The Occult World），內容便是與靈性導師交流的紀錄；一八八三年，他又出版了續篇《神祕的佛教》（The Occult World of the Buddha），造成更大的回響。像西內特這樣的正統印度派，將聖雄（Mahatma）置於教義核心，視其為唯一權威。在這樣的背景下，西內特與安娜・金斯福德一派人之間的對立日益加劇，最後布拉瓦茨基夫人不得不出面調停。一八八四年四月七日，安娜・金斯福德遭解除倫敦分會會長一職，改由西內特接任。

《3》荷米斯協會成立

在布拉瓦茨基夫人的提議下，安娜・金斯福德脫離倫敦分會，新創立了「荷米斯分會」。起初，她便以唯靈論與基督教為基礎理解神智學，隨著時間推移，逐漸與神智學分道揚鑣，這在某種程度上可說是必然的發展。因此，一八八四年五月九日，荷米斯分會發展成獨立組織「荷米斯協會」，主要研究古代祕教、諾斯底主義、畢達哥拉斯、柏拉圖等思想，並將卡巴拉和基督教視為西方神祕學的一環。

一八八四年，身為傭人的庫倫夫婦（Coulomb）揭發聖雄信件其實是夫人親手寫的（庫倫事件），布拉瓦茨基夫人最終離開了印度。一八八七年，布拉瓦茨基夫人抵達倫敦時，西內特已經將研究重心從神智學轉到唯靈論上，與之劃清界線。因此，她在回到倫敦後首先著手成立自己的會所——神智學協會「布拉瓦茨基分會」，以區別於倫敦分會。她回國後一直與小說家梅布爾・柯林斯（Mabel Collins）同住，而新會所的總部就設在柯林斯家中。其後，布拉瓦茨基夫人在柯林斯的提議下成立神智學協會出版社，並出版了機關刊物《路西法》（Lucifer）。布拉瓦茨基分會的成員人數順利增長，因柯林斯的家已無法容納，便搬到了荷蘭公園蘭斯唐路17號，詩人威廉・巴特勒・葉慈就曾至這裡拜訪過。

一八八八年，《奧祕的信條》出版，為了回應成員對魔法日益高漲的興趣，神智學協會開設了「祕教部門」。

一八九一年，布拉瓦茨基夫人去世後，便由知名的社會主義運動家安妮・貝贊特（Annie Besant）繼任神智學協會的會長一職。如同黃金黎明協會，神智學協會中的布拉瓦茨基夫人、貝贊特、安娜・金斯福德等女性都十分活躍。而她們之間還有一項共同特徵，背後都有一位男人毫不保留地支持著，如：布拉瓦茨基夫人之於奧爾科特上校、安娜・金斯福德之於梅特蘭，以及貝贊特之於查爾斯・利德比特（Charles Leadbeater）。

另一方面，安娜・金斯福德開創的荷米斯協會，主辦了各種關於西方神祕學的講座，講師包括英國玫瑰十字會的馬瑟斯和維斯特考特。安娜・金斯福德和梅特蘭在大英博物館閱覽羅森羅斯的

▲蘭斯唐路住宅內部　布拉瓦茨基夫人起居室的插圖，據說走進房間會聞到一股濃濃的土耳其菸草味。從早上6點到天黑，布拉瓦茨基夫人會邊抽菸邊創作。這棟房子裡住著6、7名來自世界各地的神智學學者。

▼精神領袖聖雄之一的莫里亞　蘭斯唐路住宅裡，掛著布拉瓦茨基夫人的精神導師一聖雄莫里亞（Morya）的肖像畫。黃金黎明協會中，「祕密的首席導師」從未現身過；不過，布拉瓦茨基夫人的這位精神導師，據說曾以真實樣貌出現在英國一次、在印度好幾次。

《卡巴拉揭示》原著後，十分驚訝書中內容與他們的想法極為相似。一八八七年，馬瑟斯出版了英文譯本《揭開卡巴拉的面紗》，並贈書給安娜・金斯福德和梅特蘭。從馬瑟斯和維斯特考特對安娜・金斯福德表現出的崇敬態度來看，荷米斯協會顯然是後來黃金黎明協會成立的精神根源之一。

一八八六年，安娜・金斯福德不幸染病，於一八八八年去世。若她還健在的話，黃金黎明協會後來扮演的角色，或許可由荷米斯協會承擔。

哈特曼的宇宙圖 COLUMN 5

這張插圖取自德國醫生暨神智學家弗朗茲・哈特曼的《白魔法與黑魔法》（White Magic and Black Magic，一八八六年）。他從神智學角度探討何謂魔法，這張圖的結構便是以宇宙的絕對原理——至高梵（PARABRAHM）為主導。在這超自然的基本創造原則下，地上世界的所有一切都是從這些「想像力和意志」所發展出來。最底部描繪著沉睡的斯芬克斯，意指世界是斯芬克斯的夢或幻影。至高梵底下首先誕生的是邏各斯（LOGOS），即作為「子」降生的基督（神智學中，智性〔Buddhi〕是最高的自我意識）。邏各斯那一層呈現Ω（Omega）的形狀，對應著中央的A（Alpha）。邏各斯產生的「不可見光」，是貫穿宇宙的生命原則。其下依序為黃道十二宮和七大行星，並以上下重疊的三角形呈現宇宙運作原理。向上的大三角形代表三主神——梵天（Brahmā，創造神）、毗濕奴（Viṣṇu，守護神）、濕婆（Śiva，毀滅神），向下的大三角形代表火、水和土；向上的小三角形代表認知（B）、知者（C）、所知者（D），向下的三角形代表物質人類（E）、乙太人類（F）、靈性人類（G）。中間的五芒星，則配置了代表真我（Ātman）的A。哈特曼指出，植於人類靈魂中的靈性種子，透過其成長，人將獲得不朽的生命；而光則是十字架上的玫瑰，由智慧與力量構成。在這裡，哈特曼將正統的印度思想與基督教進行融合，若將其中的印度思想抽離，其無疑是近代魔法的樣貌。

中心描繪著的五芒星也象徵著「人類」，五芒星下方的4個三角形代表四大元素，即人的四肢；頂端的三角形則代表第五元素，即人的頭部。因此，畫五芒星時必須保持有一角朝上，否則壞事就會降臨。六芒星又稱所羅門封印，可賦予人類神奇的力量。其中，向上的三角形代表物質上升到精神，向下的三角形代表精神下降到物質，雙方重疊而產生循環。有時六芒星中心會繪有T型十字架（Tau），外面環繞著圓形或銜尾蛇。哈特曼表示六芒星是最強大的魔法符號，需要神的智慧才能理解。

《白魔法與黑魔法》第九章中，也有一段關於「記憶」的有趣描述：「觀念是一種精神狀態，宇宙的精神思維都儲存於星光中。這片星光等同一本記憶之書，刻劃著所有思想、記錄了所有事件。思想愈強烈就刻劃得愈深，圖像將長久保存其中。思想是一種力量，即使有這種思想的人過世，其結果仍會繼續留存。存在於星光中的事物意象會長時間停留，透視者可以看見那些意象。」由此可知，透視者可以看見意象，而要如何讓意象肉眼可見，必須披上一件外衣——即想像力和意志。哈特曼認為，思想並非由人創造，只是存在於星光中的觀念流入了人類的心靈當中，因此想像力和意志是構成一切藝術和魔法操作的基礎。這段論述對藝術與魔法間的關聯，提供了極為重要的證言。這種觀點不僅出現在稍後葉慈的〈魔法論〉中，也於20世紀初的現代主義藝術中具體實踐。

▲宇宙和人類的組成　弗朗茲·哈特曼於1886年《白魔法與黑魔法》中，談論了神智學角度的魔法。這張圖顯示了宇宙和人類的組成，從中央開始，依序繪有A（Alpha）、玫瑰花瓣、六芒星、黃道十二宮、光、邏各斯。整張圖的中心配置著一個十字架，最頂端有至高梵，而這整個宇宙便是下方的斯芬克斯所做的夢（幻想）。

Ⅱ 《密碼手稿》與新教團的創立

《1》維斯特考特的構想

以麥肯齊為核心的支派共濟會結社，和以安娜·金斯福德為核心的神智學荷米斯協會交相輝映之際，黃金黎明協會誕生了。與兩者都有關聯的維斯特考特將之統一整合，創立出「黃金黎明協會」這個新結社。雖然他的知名度比不上馬瑟斯、葉慈和克勞利（Aleister Crowley），但作為黃金黎明協會的創始者，是長期支撐19世紀下半葉英國神祕學的重要人物。誠如上一章所說，他與麥肯齊有著深厚關係，參與過八人協會等各種結社。另一方面，他與布拉瓦茨基夫人也淵源深厚，不僅隸屬神智學協會的祕教部門，還精通其教義。他在煉金術、數字神祕學、占星術與卡巴拉等領域皆造詣頗深，儘管沒有一本完整的主要著作，卻出版了多本講義與小冊子，如：《創世之書》（Sefer Yetzirah，一八八七年）、《班波樞機的伊西斯之表》（The Bembine Table of Isis，一八八七年）、《數字的神祕力量與神祕德行》（Numbers: Their Occult Power And Mystic Virtues，一八九〇年）等等。

維斯特考特於一八四八年出生在華威郡利明頓的一個外科醫生家庭，然而他不到10歲父母便去世了，由同為外科醫生的叔叔收養。後來他進入剛成立不久的倫敦大學學院學醫，並於一八七一年取得醫師資格。同年，他成為共濟會成員，對神祕學的興趣日益濃厚。一八七三年，維斯特考特結婚後，生活步入穩定。不過一八七九年到一八八一年這2年裡，他暫時停止了醫生的工作，埋首於鍊金術、卡巴拉和玫瑰十字會思想的研究。一八八一年，維斯特考特返回倫敦，擔任驗屍官一職，直至一九一八年退休為止，成為他穩定的經濟來源。

維斯特考特與安娜·金斯福德關係密切，當荷米斯協會於一八八四年獨立時，他隨即成為該協會的榮譽會員。

▶**維斯特考特** 身穿便服的倫敦驗屍官。不僅是英國玫瑰十字會、神智學協會和共濟會的成員，也是構思黃金黎明協會的創始人。

◀**維斯特考特** 身著英國玫瑰十字會最高領袖禮服，右手握著權杖。

一八八〇年，他加入了英國玫瑰十字會。當時的英國玫瑰十字會是附屬於共濟會的純學術性神祕學研究團體，並未涉足實踐性的魔法，且嚴格排除女性參與。一八七八年，羅伯特・W・利特爾去世後，由威廉・羅伯特・伍德曼（William R. Woodman）醫師繼任英國玫瑰十字會的最高領袖。伍德曼是共濟會最資深的前輩，與維斯特考特相差20歲，就像父親一樣的存在。一八九一年，伍德曼去世後，便由維斯特考特就任最高領袖一職。

《2》發現《密碼手稿》

維斯特考特在構想新結社時，《密碼手稿》發揮了重要作用。這份文書的具體取得日期不詳，但據說是在一八八七年某個時候，維斯特考特獲得了一份不可思議的《密碼手稿》。關於他如何取得一事歷來眾說紛紜，大致有二種說法：一種是維斯特考特本人所主張的版本，另一種則是現代研究者所提出的見解。

維斯特考特一直聲稱，《密碼手稿》是一位共濟會前輩A・F・A・伍德福德（A.F.A.Woodford）牧師交給他的。伍德福德於一八八七年去世，因此難以驗證這件事的真實性。據說伍德福德某日偶然在倫敦舊書店中發現這份古老文書，由於文書以密碼寫成，他便將其交給維斯特考特。這段軼事與布爾沃－李頓的《扎諾尼》開頭所描寫的場景相似，因此廣為流傳，但其真實性仍令人懷疑。

近年來的另一種說法認為，《密碼手稿》其實來自麥肯齊留下的文書中。麥肯齊於一八八六年去世，留下的大量文書都在他夫人手中。維斯特考特一直希望能一次收下這些文書，後來他的夫人終於在一八八七年同意了，而《密碼

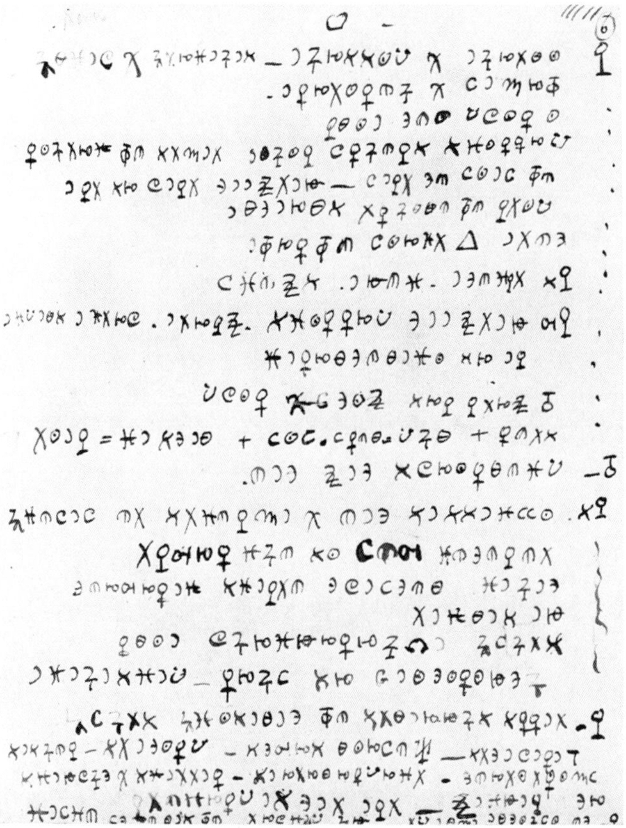

▲**部分的《密碼手稿》** 關於5個位階的開會、閉會、加入、知識。這張圖是關於第一位階「加入」的內容，包括「尊敬神作為我們的光」以及「學習平衡」等。

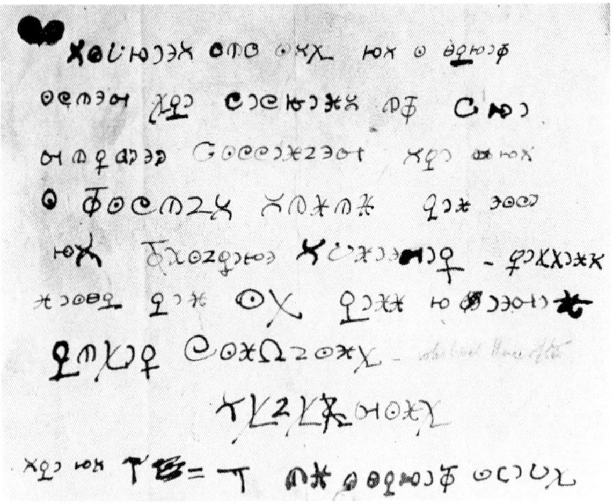

▲**記載施普倫格爾地址的《密碼手稿》** 第7行有維斯特考特寫的英文。

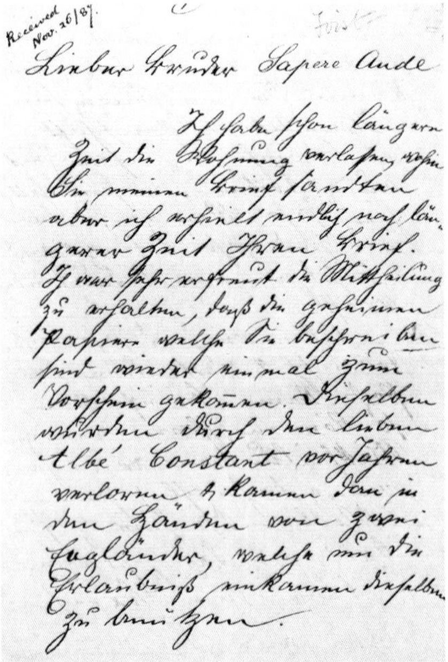

Received Nov. 26/87.

Lieber Bruder Sapere Aude

Ich habe schon längere Zeit die Hoffnung verlassen, wie Sie meinen Brief sandten aber ich erhielt endlich nach längerer Zeit Ihren Brief. Ich war sehr erfreut die Mittheilung zu erhalten, daß die geheimen Papiere welche Sie beschreiben sind wieder einmal zum Vorschein gekommen. Dieselben wurden durch den lieben Abbé Constant vor Jahren verloren und kamen dann in den Händen von zwei Engländer, welche mir die Erlaubniß einkamen dieselben zu benützen.

▶**施普倫格爾的回信** 這是施普倫格爾寫給維斯特考特的第一封信，左上角寫著日期為1887年11月26日。推測這是由德國血統的人，根據維斯特考特的英文草稿翻譯而成。

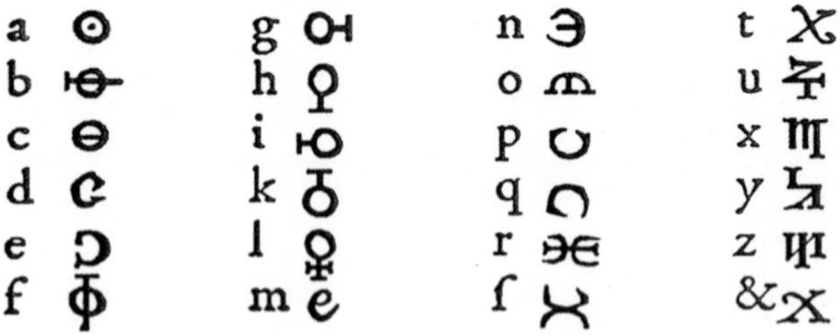

◀**《密碼手稿》的密碼和字母對照表** 黃金黎明協會的《密碼手稿》直接使用了收錄於特里特米烏斯《多重寫作法》（1561年巴黎版本）中的密碼符號。

手稿》恐怕就在這些文書當中。

儘管無法確定，《密碼手稿》是麥肯齊本人為了用於史威登堡儀式或八人協會儀式所寫，還是他抄寫了其他人撰寫的文書，但毫無疑問他都有深入參與。不僅如此，伍德福德也是麥肯齊的朋友，曾協助編纂《皇家共濟會百科全書》。考量這些背景，即使維斯特考特的說法有所虛構，其來源仍與麥肯齊存在明確關聯。

《密碼手稿》本身是利用特里特米烏斯的《多重寫作法》（一五六一年）中收錄的密碼符號所寫成的。當中的內容則是由共濟會派系結社第五位階的入會儀式，與構成各位階的「知識」等所組成。

《3》與首席導師施普倫格爾的交流

無論真相為何，可以確定的是，《密碼手稿》並非維斯特考特親自撰寫；真正的問題在於，其中插入了一份文件，記載著名為「施普倫格爾（Sprengel）」的德國人於司圖加特的住址。經過解讀，其內容為：「Sapiens dom ast為黃金黎明協會的首席導師。這位優秀的女性成員，名叫施普倫格爾小姐。寄給她的信件上，寫著司徒加特馬克沃特酒店的恩傑爾（Engel）小姐收。她的位階是7＝4（這個數字是用希伯來語標記），為首席導師。」由此可知，施普倫格爾是德國黃金黎明協會的其中一名導師（第七位階），在教團以Sapiens Dominabitur Astris（統治星辰的賢者，以下簡稱SDA）標語作為自己的名字。此時尚未指名施普倫格爾的本名為「安娜」（一九一二年才公開這一資訊）。

　據說維斯特考特寫了一封信給身在司徒加特的施普倫格爾後，她在回信中批准創立黃金黎明協會。《密碼手稿》雖然具有可信度，但這份與施普倫格爾有關的文書卻很可能是維斯特考特虛構的。一般認為，這是維斯特考特自行設計的自問自答劇本，以基於《密碼手稿》來創建新的魔法結社。黃金黎明協會的計畫，正是在這些和施普倫格爾往來的書信下展開。與此同時，維斯特考特根據60頁的《密碼手稿》中內含的第五位階入會儀式摘要，委託麥克逵格．馬瑟斯將其修訂成可實際運用的綱領。

　施普倫格爾在設定上是德國人，因此其信件是由維斯特考特親自用英文寫成原稿後，再由其他人翻譯成德語，過程十分繁雜。維斯特考特熟悉神智學協會的運作，可能知道布拉瓦茨基夫人創造出的靈性權威象徵「聖雄」，能夠加強追隨者的信仰與歸屬感，因此運用了這個體系。設置「未知上位者」作為靈性權威的想法，也可見於18世紀共濟會的嚴格戒律儀式中。由此可知，維斯特考特建立新結社的目的，或許不是像英國玫瑰十字會或荷米斯協會這種單純的研究團體，而是像神智學協會這樣建立有靈性權威根據的組織。順帶一提，施普倫格爾這位女性的原型人物，推測是一八八八年去世的安娜．金斯福德，但也有可能是維斯特考特自己的分身。

　一八八七年十一月二十六日，維斯特考特收到的施普倫格爾回信內容如下：先前提到的《密碼手稿》是康斯坦（李維）神父多年前遺失的，後來由2名英國人取得之後，將之用於設立第二神殿赫曼努比斯。評估維斯特考特已具備解讀《密碼手稿》的能力，故授予其第二教團的第七位階。此外，維斯特考特可選擇2名博學者作為首席導師，在英國開設第三神殿。教團將3名新成員晉升為第五位階時，神殿便可以獨立運作了。

　一八八八年一月二十五日，施普倫格爾的第二封信，是關於黃金黎明協會設立第三神殿所需的文書，以及允許維斯特考特代表SDA簽名的內容。自此，維斯特考特便可以自行簽發文書來決定教團的運作。一八八八年二月七日的信件中則提到，法國神祕學核心人物李維的親筆抄本寄給了維斯特考特。

《4》黃金黎明協會的設立

　經過如此周密的準備，黃金黎明協會（正式名稱為「黃金黎明荷米斯協會」）於一八八八年三月一日成立。其伊西斯烏拉尼亞神殿的設立許可證製作完成後，便開始正式運作。設立許可證上出現的4種生物，靈感來自李維的《高等魔法的教義與儀式》，文書則是維斯特考特請求馬瑟斯協助下完成的。

　設立許可證的內容，表明馬瑟斯、維斯特考特和伍德曼為伊西斯烏拉尼亞神殿第二教團的第五位階，具有整合第一教團的資格。結尾由3名第七位階者簽名，雖未表明身分，不過這三人其實就是馬瑟斯、維斯特考特和伍德曼。他們的教團名稱在第五位階時分別如下：

馬瑟斯是'S Rioghail Mo Dhream（我的部族是王室，簡稱SRMD）、維斯特考特是Sapere Aude（敢於求知）、伍德曼是Magna est Veritas et Praelavebit（偉大的真理必將勝出）。這張設立許可證的製作階段時，維斯特考特還在思考教團名稱，故直接引用了英國玫瑰十字會的標語。馬瑟斯的教團名稱也是英國玫瑰十字會一直使用的標語，不過之後也沒有更動，直接作為第五位階的教團名稱繼續使用。三人在第七位階的教團名稱分別如下：馬瑟斯是Deo Duce Comite Ferro（神是我的嚮導，劍與我同在）、維斯特考特是Non Omnis Moriar（我不會完全死絕）、伍德曼是Vincit Omnia Veritas（真理主宰一切）。不過，這張設立許可證上，維斯特考特代表了施普倫格爾簽名。

在這個階段，黃金黎明協會的組織樣貌已完全瞭然——由3個獨立的教團所組成。第一教團包括初始位階的新入者（Neophyte，0°＝0°）、第一位階的熱誠者（Zelator，1°＝10°）、第二位階的理論者（Theoricus，2°＝9°）、第三位階的實踐者（Practicus，3°＝8°）、

◀黃金黎明協會「伊西斯烏拉尼亞神殿」的設立許可證　黃金黎明協會於1888年3月1日取得設立許可證後成立。設立許可證上出現的4種生物，靈感來自李維的《高等魔法的教義與儀式》。由上而下描繪著人、公牛和獅子、老鷹。許可狀第六行起明確記載：馬瑟斯、維斯特考特與伍德曼為第二教團的第五位階成員，不過文末列出的第二教團第七位階導師也是這三人。

◀4種生物　收錄於李維《高等魔法的教義與儀式》（教理篇第18章）的插圖。六芒星中，向上的三角形以人為中心，四周描繪著老鷹、公牛和獅子（有4顆頭的斯芬克斯），左下角為畢達哥拉斯圓圈，右下角為以西結圓圈。

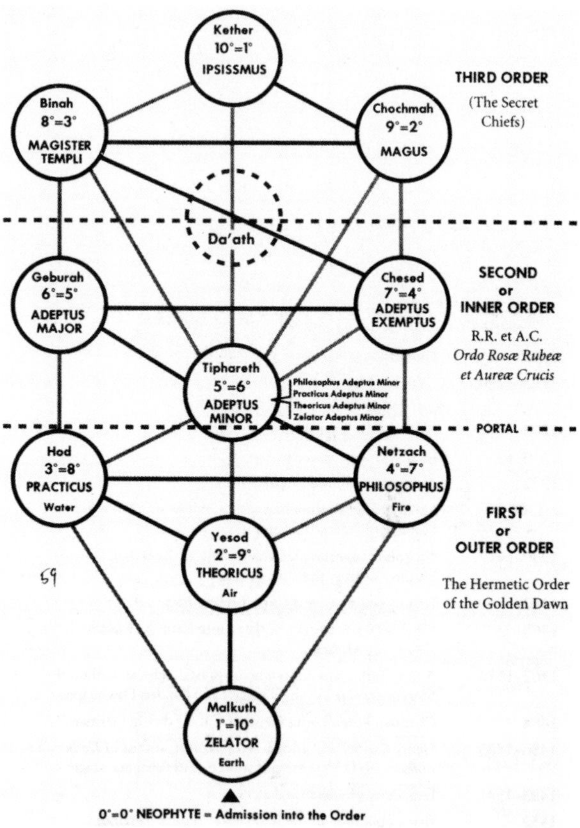

▲黃金黎明協會的位階和生命樹　黃金黎明協會的位階是根據生命樹的結構所組成。

第四位階的哲學者（Philosophus，4°＝7°）；第二教團包括第五位階的小達人（Adeptus Minor，5°＝6°）、第六位階的大達人（Adeptus Major，6°＝5°）、第七位階的卓越達人（Adeptus Exemptus，7°＝4°）；第三教團包括第八位階的神殿之主（Magister Templi，8°＝3°）、第九位階的魔法師（Magus，9°＝2°）、第十位階的至上者（Ipsissmus，10°＝1°）。每個位階後所顯示的兩組數字，分別代表靈性位階與物質位階，靈性位階從由小至大、物質位階由大至小。除了初始位階，每個位階皆與卡巴拉生命樹的10個源體對應，如：熱誠者（Zelator）之於王國（Malkuth）、至上者（Ipsissmus）之於父（Kether）。

第一教團的初始位階與第四位階，同樣記載於《密碼手稿》中，與黃金玫瑰十字會最初的4個位階一致；第二教團與第三教團的位階，也是直接使用了英國玫瑰十字會的制度，其中只有第十位階的Ipsissmus（＝真我）是新創造的詞。英國玫瑰十字會成員都擁有自己的拉丁語協會名，黃金黎明協會成員也都擁有自己的教團名稱。從第一教團晉升到第二教團時，需要另起教團名稱，但多數情況下都會沿用。

與英國玫瑰十字會不同的是，一般認為第三教團的「祕密首席導師」只存在於星界，地上的最高位階定在第七位階。第七位階首席導師僅透過拉丁語的標語讓人知道其存在，但實際上就是馬瑟斯、維斯特考特和伍德曼。他們（聲稱）會接受「祕密首席導師」的指示來決定教團方針，同時以第五位階導師的身分，參與第一教團的統理。此外，還有一個決定性的差異，相較於英國玫瑰十字會效仿共濟會不允許女性入會，黃金黎明協會和神智學協會一樣向女性敞開大門。

III 黃金黎明協會的發展

《1》教團組織的確立

維斯特考特不露痕跡地向一般人展示黃金黎明協會的存在後，便一直布局招募成員。

他在學術期刊《備註及疑問》（一八八八年十二月八日號）發布了下述問題：「約翰・F・法爾克於一八一〇年繼承的倫敦卡巴拉學院（希伯來語為Chabrah Zereh aur bokher，黎明光耀協會）現在仍然存在嗎？就是已故的艾利馮茲・李維也曾參與的那個組織。」其後，同一本期刊的一八八九年二月九日號上，維斯特考特以親自署名的方式回應：「由約翰・F・法爾克擔任卡巴拉講師、教授李維神祕學知識的神祕學者教團，至今仍在英國運作中。不同於共濟會等組織，男女都有資格入會。其中，不僅成員人數有限，研究和修行的課程也困難而複雜。該教團的真實名稱只會告訴其成員，少數知情的外部人士也只會稱其為G・D・（黃金黎明）荷米斯協會。」第一篇為匿名投稿，但維斯特考特習慣將艾利馮斯寫成艾利馮茲（Eliphaz）。就和他與施普倫格爾的信件一樣，這裡也採取了自問自答的形式，試圖加深大家對黃金黎明協會的印象。

黃金黎明協會的起步超乎預期地順利，入會成員持續增加。與施普倫格爾的下一封信，日期是一八八九年十月九日。因4名新成員晉升至第二教團的第五位階，施普倫格爾允許了伊西斯烏拉尼亞神殿成為獨立組織。意即賦予維斯特考特、馬瑟斯和伍德曼獨立的權力，不用向施普倫格爾尋求指示，即可經營伊西斯烏拉尼亞神殿。而這4名晉升到第二教團第五位階的新成員中，有3個人分別是米娜・柏格森（Mina Bergson）、W・A・艾頓與其妻子安・艾特（Anne Ayton）。

與施普倫格爾在一八八九年十二月十二日的信件中，則是讓第五位階導師的維斯特考特、馬瑟斯和伍德曼，晉升為第二教團第七位階的首席導師，並准予第一教團（黃金黎明協會）和第二教團（紅玫瑰黃金十字）的控制權。第三教團僅由祕密首席導師所組成，依然沒有教團名稱。

就這樣，黃金黎明協會的伊西斯烏拉尼亞神殿，做好獨立運作的所有準備。與施普倫格爾在一八九〇年八月二十三日最後一封信的內容，是收到她去世的消息。據說是由其祕書書寫，信中提到她於一八九〇年七月二十日逝世，消除了施普倫格爾在黃金黎明協會設立時不可或缺的存在地位。如維斯特考特所計畫的，黃金黎明協會正式成為具體的新教團。

《2》多元化的成員

一八八八年，伊西斯烏拉尼亞神殿於倫敦設立後，同年第四神殿歐西里斯於濱海韋斯頓成立，第五神殿荷魯斯於布拉福成立。不久後的一八九三年，第六神殿阿蒙拉於愛丁堡成立，一八九四年第七神殿哈索爾於巴黎展開活動。附帶一提，伊西斯、歐西里斯、阿蒙拉和哈索爾都是埃及神的名字。

光是設立當年，伊西斯烏拉尼亞神

殿的成員就達到32名、歐西里斯神殿8名、荷魯斯神殿11名，截至一八九六年為止共315名。不過，一八八八年約30名成員成立的工人俱樂部「米爾德梅（Mildmay）」，在一八九五年時成員便爆增至1000多名；相較之下，黃金黎明協會算是中型規模的組織而已。

短期間內就能開設新神殿，原因之一是本就設於英國各地的英國玫瑰十字會分部，可直接「轉換」為黃金黎明協會的神殿。以第四神殿歐西里斯為例，會設在薩默塞特海邊療養聖地的理由，就是英國玫瑰十字會的分部就位在那裡，班傑明・考克斯等成員過去也都是共濟會成員。

黃金黎明協會的初始成員，大部分在加入教團的同時，仍保有英國玫瑰十字會或神智學協會的成員資格。以W・A・艾頓牧師來說，他身為神智學協會成員，十分熱衷於鍊金術，甚至在牧師住宅的地下室設置了實驗室。他出生於一八一六年，和妻子一同加入黃金黎明協會的時候已是白髮蒼蒼的72歲老人。在黃金黎明協會的教團名稱為Virtute Orta Occident Rarius（立於美德者不會墮落）。

黃金黎明協會還有一個特徵，那就是成員中很多女性，比如後來成為馬瑟斯夫人的米娜・柏格森、霍尼曼紅茶公司創始家族的安妮・霍尼曼、女演員佛羅倫絲・法爾、麥肯齊夫人、奧斯卡・王爾德（Oscar Wilde）夫人、女演員茉德・岡（Maud Gonne）等，不少中產階級的女性。值得注意的是，支持神智學協會的成員，以及在19世紀席捲歐洲的唯靈論靈媒，也大多為女性。

一八九〇年，珀西・布洛克（Percy Bullock）、亞瑟・愛德華・偉特、約翰・威廉・布羅迪－英尼斯（John William Brodie-Innes）等人入會，支持著後來的黃金黎明協會。除了物理學家威廉・克魯克斯（William Crookes）等心靈研究協會人士之外，愛爾蘭劇作家兼詩人威廉・巴特勒・葉慈和其叔叔喬治・普勒斯芬（George Pollexfen）等人也都參與其中。

不過，女演員茉德・岡於一八九一年加入後，很快便退會。據說是因為黃金黎明協會過於偏向共濟會（！），她表明：「就愛爾蘭人所知，共濟會基於英國制度，是利用來支持大英帝國政府的。」對她來說，愛爾蘭的自由和獨立更加重要，因此無法認同與英國大義重疊的共濟會及其旁系黃金黎明協會。

《3》新成員歷史講座

黃金黎明協會自一八八七年發現《密碼手稿》以來，不到3年就迅速發展為能與神智學協會比肩的組織。

黃金黎明協會創立初期，所有新進成員都會收到一份文件。這份文件由維斯特考特撰寫，標題為〈新成員歷史講座〉，可視為黃金黎明協會的創立宣言，也是一份關於教團目標、組織與歷史的總結。雖然原始版本已不存在，但據信維斯特考特會不時更新內容。

其主要內容可分為以下三點：

（一）黃金黎明協會的宗旨，在於教授成員神祕學原理與實踐荷米斯魔法。在黃金黎明協會成立之前，已有一些活躍的先驅人物，如：法國魔法師艾利馮茲（艾利馮斯）・李維、法國的共濟會歷史學家讓－馬利・拉貢（Jean-Marie Ragon）、《皇家共濟會百科全書》的編纂者肯尼斯・麥肯齊、水晶凝視者弗雷德里克・霍克萊等人。

這些人繼承上一世代導師在神智學、荷米斯學和鍊金術上的教義，其傳統可追溯至一三九八年由克利斯蒂安・羅森克羅伊茲設立的德國玫瑰十字會。玫瑰十字會的教義又起源自更古老的猶太教神祕主義──卡巴拉，其中亦融入了摩西曾學過的埃及魔法與巴比倫尼亞占星術。雖然希臘的艾盧西斯祕教繼承了伊西斯歐西里斯祕教，但是關於魔法的元素十分稀少。

（二）黃金黎明協會組織，是由4個位階形成的第一教團，以及3個位階形成的第二教團所組成。第一教團偏向希伯來（即卡巴拉），第二教團則偏向基督教。第二教團的導師有權管理下級位階的入會儀式，可發行設立新神殿的許可證。第二教團之上還有3個位階形成的第三教團，如同至高的3個源體（Kether、Cochmah、Binah），屬於神聖領域。伊西斯烏拉尼亞神殿可授予第一教團的4個位階，其儀式由著名的卡巴拉學者SRMD（馬瑟斯）依據《密碼手稿》修改編纂而成，《密碼手稿》則是由SA（維斯特考特）幾年前從VML（伍德福德）那裡取得。（於一八八七年去世的）VML精通艾利馮茲（艾利馮斯）・李維的著作。

組成黃金黎明協會第二教團的3位導師（維斯特考特、馬瑟斯、伍德曼），經由在德國的SDA（施普倫格爾）授權在英國設立神殿。繼第一神殿「光・愛・生命（Licht・Liebe・Leben）」神殿、第二神殿赫曼努比斯神殿之後，建立了第三神殿伊西斯烏拉尼亞神殿。其後，又建立了第四神殿歐西里斯神殿、第五神殿荷魯斯神殿。此外，在美國、丹麥、印度和巴勒斯坦等地也都有成員。

（三）英國玫瑰十字會為黃金黎明協會的先驅組織，由著名的共濟會成員暨李維信奉者的羅伯特・W・利特爾，在威廉・羅伯特・伍德曼、法蘭西斯・歐文和肯尼斯・麥肯齊的協助之下所創立。其中，（著名的鍊金術師暨占星師）巴西利烏斯・瓦倫提努斯（Basilius Valentinus）、尼古拉・弗拉梅爾（Nicola Flamel）、彼得羅・達瓦諾（Pietro d'Avano）、卡丹諾（Cardano）、雅各・波墨（Jacob Böhme）、羅伯特・弗拉德等人雖非共濟會成員，但其成就都受到高度評價。

英國玫瑰十字會為共濟會體系，不允許女性加入；但黃金黎明協會則接納女性，就如同古代祕較中女性常作為導師或先知一樣。此外，近代著名的女性神祕學家中，不能忘記接受過真正靈性啟蒙的（荷米斯協會創始者）安娜・金斯福德，以及神智學協會的布拉瓦茨基夫人。

英國玫瑰十字會與黃金玫瑰十字會

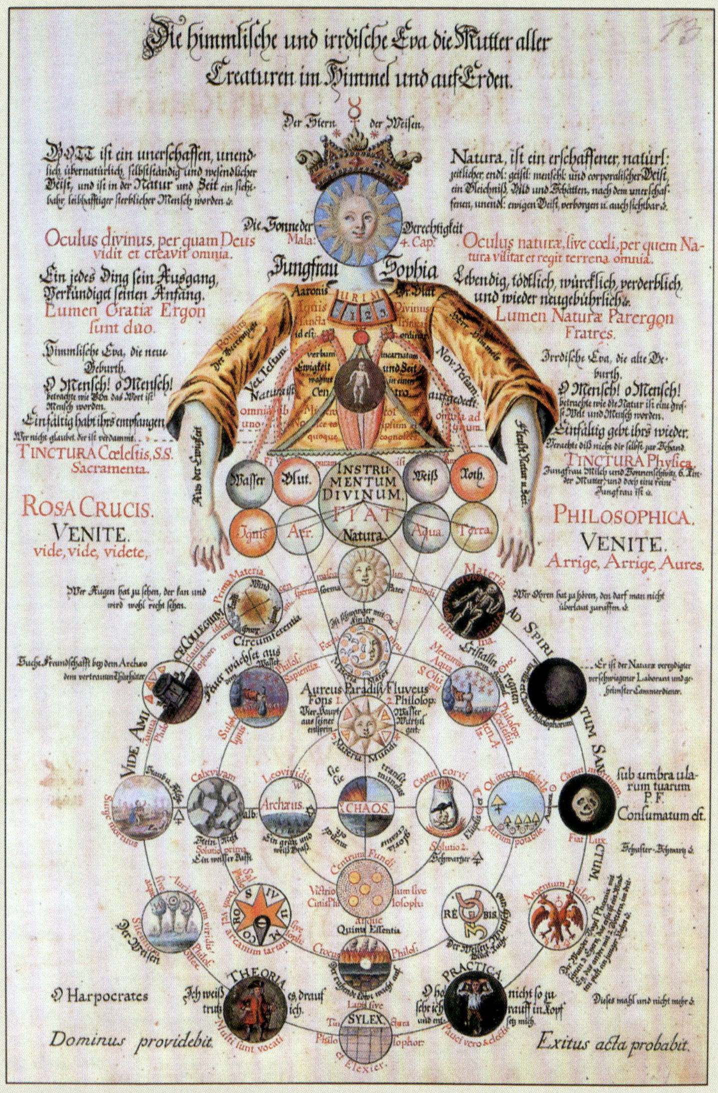

▲**《玫瑰十字會的祕密象徵》（1）** 1785年至1788年間出版，其中作為萬物之母的夏娃（少女蘇菲亞）揭示了鍊金術創造天地的奧祕。她的王冠上有墨丘利（水銀）的符號，腹部有一個人造人（荷姆克魯斯），其臉上閃耀著象徵靈性的太陽。隨著「要有光」這句話，創造開始，宇宙萬物從下方中央的混沌（卡奧斯）中誕生。

18世紀誕生於德國的黃金玫瑰十字會，是一個主張西方神祕學的共濟會結社，深受宗教改革後精神枯竭的人們所支持。與「嚴格戒律儀式」相同，黃金玫瑰十字會也融合了共濟會和神祕學，並將雅各·波墨的神祕鍊金術視為探求人類靈性的重要手段。在這樣的背景下，鍊金術書籍接連出版，其中《玫瑰十字會的祕密象徵》便是於一七八五年時問世的。書中以許多插圖解釋神祕的鍊金術，就連創設英國玫瑰十字會的羅伯特·W·利特爾深受其吸引。據曼利·帕爾默·霍爾（Manly Palmer Hall）在《玫瑰十字抄本》（The Rosicrucian Cosmo-Conception）中所說，艾利馮斯·李維有一本阿爾托納版本的《玫瑰十字會的祕密象徵》，後來交給威廉·韋恩·維斯特考特，維斯特考特死後又將之捐贈給英國玫瑰十字會的圖書室。

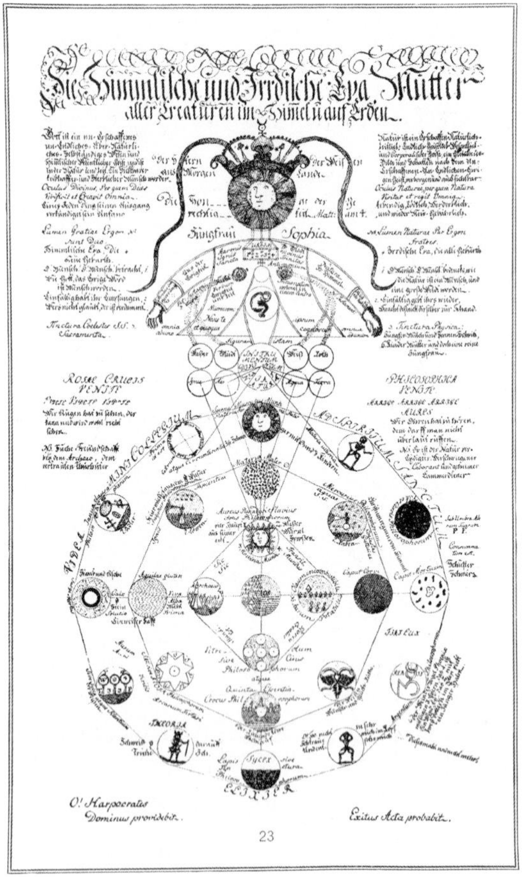

▲**《玫瑰十字會的祕密象徵》（2）** 據曼利·帕爾默·霍爾所說，李維將其擁有的阿爾托納版本《玫瑰十字會的祕密象徵》交給威廉·韋恩·維斯特考特，最後被捐贈至英國玫瑰十字會的圖書室。這張插圖來自《玫瑰十字會的祕密象徵》的DOMA抄本，構圖與上一張圖類似。

艾利克·豪（Ellic Howe）也在《黃金黎明協會的魔法師》（The Magicians of the Golden Dawn）一書中描述，維斯特考特於一八八八年十月時，在英國玫瑰十字會中將這本書公之於成員面前，並發表相關研究，這本書顯然成為協會內的重要文書。

黃金玫瑰十字會依據卡巴拉的數字體系，由9個位階組成，即初始位階（1°＝9°）、理論者（2°＝8°）、實踐者（3°＝7°）、哲學者（4°＝6°）、小達人（5°＝5°）、大達人（6°＝4°）、卓越達人（7°＝3°）、神殿之主（8°＝2°）、魔法師（9°＝1°）。一七八一年皮安科（Piancho）導師的《暴露的玫瑰十字會》（The Revealed Rosicrucian），以及一八七七年麥肯齊的《皇家共濟會百科全書》中都有介紹。黃金黎明協會於一八八八年設立的10個位階，幾乎直接沿襲了這個形式。

正如偉特在《玫瑰十字會的真實歷史》（The Real History of the Rosicrucians，一八八七年）中所考證的，英國玫瑰十字會不僅在位階制度上，在管理模式上也具備作為黃金黎明協會先驅的諸多元素。（一）英國玫瑰十字會規定一月、四月、七月、十月的第二個星期四要在倫敦舉行會議，年初第一次會議為大規模集會，成員都必須出席。此外，每年還會指定時間與地點舉辦餐會。（二）英國玫瑰十字會設有以下幹部職位：3位魔法師（Magus，協會精神領袖）、導師（Master，集會統籌者）、副導師、書記、會計，組成協會的評議會；下層幹部則包括領唱、引導者、持燈者、傳令者、神殿警衛等。（三）大會時選出幹部，其中導師會從達到如下所述的第三教團中選出。（四）協會由以下3個教團和9個位階組成，並有規定的人數（註記於括號內）。第一教團由第一位階熱誠者（33名）、第二位階理論者（27名）、第三位階實踐者（21名）、第四位階哲學者（18名）組成；第二教團由第五位階小達人（15名）、第六位階大達人（12名）、第七位階卓越達人（9名）組成；第三教團由第八位階神殿之主（6名）、第九位階魔法師（3名）組成。3名魔法師中的年長者，即成為最高精神領袖。正式成員即以上的144名（12的12倍）；此外還有非成員（自願參加者）組成的團體，沒有人數限制，但無法出席有儀式的會議。正式成員因死亡、退會等原因而空缺時，非成員可經由手續晉升。（五）全體成員共同選出16名（4的4倍）「榮譽成員」，且需持有貴族頭銜。此外，「偉大支持者（Grand Patron）」也是以同樣方式選出。（六）成員必須是共濟會導師，信仰基督教的基本教義，為真正的博愛主義者。（七）晉升至第一位階的非成員，需採用拉丁語的標語，在文書上簽名。（八）成員的年費為5先令，每晉升一教團需繳交10先令，非成員的登記費為7先令6便士。（九）協會的報《玫瑰十字會》每年出版4次。（十）幹部都有自己的寶章。

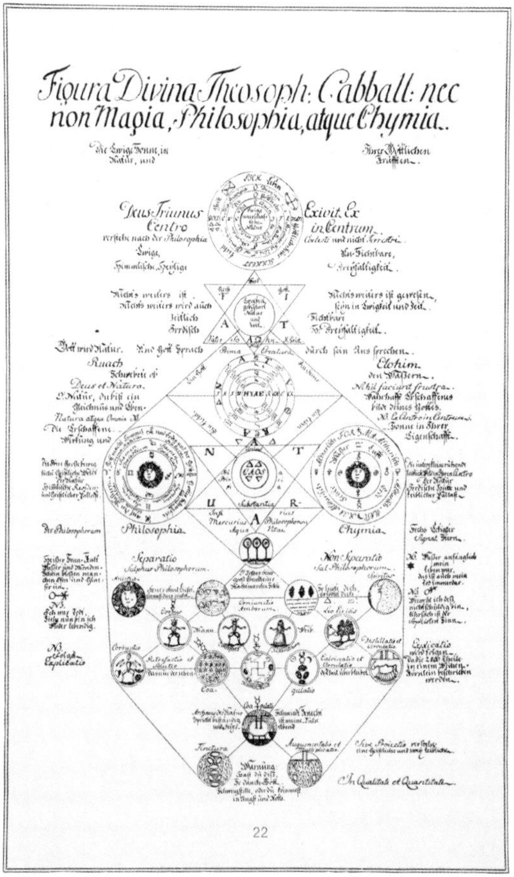

▲**《玫瑰十字會的祕密象徵》(3)**　標題為〈神智學、卡巴拉、魔法、哲學、鍊金術的神聖象徵圖〉，從創造以前的神性（上方的圓形，代表永恆太陽）開始，經由最初的創造（六芒星），進展到第二階段的創造（下方，即《創世記》的天地創造）。下半部以插圖說明鍊金術中賢者之石的生成過程。

不僅英國玫瑰十字會的位階制度沿用了黃金玫瑰十字會的9個位階，《密碼手稿》所規劃的5個位階也依循此組成，可見黃金黎明協會源自於融合共濟會與玫瑰十字會的結社。以神祕鍊金術和卡巴拉作為核心這點，也是黃金玫瑰十字會到黃金黎明協會一系中所共有的特徵。

第四章 黃金黎明協會的儀式與象徵

Ⅰ 麥克達格・馬瑟斯創造的儀式

《1》魔法與戰爭理論

在黃金黎明協會設計與創立過程中，維斯特考特扮演了核心角色。雖說伍德曼和麥克達格・馬瑟斯也有參與創立，但伍德曼幾乎沒有機會實際參與，在協會成立3年後的一八九一年便去世了；馬瑟斯則如前文所述，作為維斯特考特的助手，根據《密碼手稿》完成黃金黎明協會入會儀式的綱領等。

麥克達格・馬瑟斯本名為塞繆爾・利德爾・馬瑟斯（Samuel Liddel Mathers），於一八五四年出生在倫敦北部。其父威廉・馬瑟斯（William Mathers）是一名普通的商店店員，在他年幼時便去世。關於馬瑟斯的學校教育，如今僅知其就讀過貝德福德學校，擅長田徑等體育科目。他沒有其他兄弟姊妹，母親帶著他離開倫敦後搬到波恩茅斯，在一家不動產公司擔任店員以維持生計。這家不動產公司的負責人是共濟會成員，經由其介紹，馬瑟斯於一八七七年加入當地的共濟會會所，這件事對馬瑟斯的人生走向產生了決定性的影響。然而，他似乎並不滿足於帶有濃厚社交性質的共濟會，他更熱衷的是魔法與戰爭理論。

一八八二年，維斯特考特和伍德曼到訪波恩茅斯，馬瑟斯就此與兩人結識，並在他們的介紹下加入英國玫瑰十字會。英國玫瑰十字會屬於共濟會體系，為了深入研究神祕學而組織起來的團體，加入條件是必須身為共濟會導師，而馬瑟斯當時已經晉升為共濟會導師了。協會成員在稱呼對方時，除了個人姓名外，還會使用拉丁語標語方，但馬瑟斯使用的SRMD是源自蓋爾語。蓋爾語是古代凱爾特語的一支，流傳於西元前的愛爾蘭與蘇格蘭，而馬瑟斯深信自己的祖先出身蘇格蘭。馬瑟斯待在

◀**約28歲時的麥克達格・馬瑟斯**　馬瑟斯一生熱衷於魔法和戰爭理論，這張軍裝照拍攝於一八八二年左右。

波恩茅斯的期間，於一八八四年出版了《步兵訓練的實務軍事教本》（The Practical Manual of Infantry Training，翻譯自法語）、一八八五年出版了《達拉納達的陷落與其他詩歌》（The Fall of Dalarna and Other Poems）。一八八五年，深愛的母親逝世後，他便隨著維斯特考特前往倫敦。

《2》在大英博物館裡研究卡巴拉

馬瑟斯到倫敦後無以為生，只好過著極度貧困的生活，所幸在住所方面有了保障。維斯特考特成為驗屍官後搬到了新官舍，馬瑟斯得以租下其過去位於國王十字的舊居。英國玫瑰十字會主要研究魔法、鍊金術和卡巴拉，維斯特考特自己也出版了《創世之書》的英文譯本。他一直覺得必須有卡巴拉文獻的正式譯本，於是支付馬瑟斯一些翻譯費用，委託翻譯拉丁語版本的《卡巴拉揭示》。這本書是曾在阿姆斯特丹學習鍊金術和卡巴拉的克諾爾·馮·羅森羅斯，於一六七七年至一六八四年分兩冊出版的作品。馬瑟斯全力投入這本書的翻譯工作中，除了〈隱藏的神祕之書〉（Siefer's Dictionary）、〈大集會〉（Idra Rabba）、〈小集會〉（Idra Zutta）等《光輝之書》部分篇章，還附上由他自己撰寫的序文，於一八八七年以《揭開卡巴拉的面紗》為書名出版。馬瑟斯還將此譯作獻給安娜·金斯福德和梅特蘭，表達對兩人的敬意。

一八八七年時，馬瑟斯還受到維斯特考特委託，根據《密碼手稿》完成黃金黎明協會的入會儀式。然而，他從維斯特考特那裡收到的報酬實在不足以支付生活費用，只好不時去當拳擊手的練習對象，或是自己參加比賽來賺點小錢，一些認識他的人甚至以為其主業就是拳擊手。為了保持體能，他也從不間斷擊劍訓練。尤斯頓路的英國玫瑰十字會、大皇后街的共濟會大廳、大羅素街的大英博物館等地，都距離國王十字不遠，馬瑟斯幾乎每天步行前往，作為一種體能鍛鍊。

到了晚年，馬瑟斯便泡在大英博物館閱覽室中，不斷鑽研神祕學。而他正是在這段期間，認識了威廉·巴特

▲41歲的麥克達格·馬瑟斯 馬瑟斯身穿魔法師正裝，頭上裝飾著五芒星，雙手放在劍上。他主張自己具有蘇格蘭血統，自稱為格倫斯特里伯爵麥克達格。取自莫伊娜·馬瑟斯的作品，約1895年。

勒・葉慈、亞瑟・愛德華・偉特等人。葉慈於《自傳》（The Autobiography of W. B. Yeats）中這樣描述自己在大英博物館中遇見馬瑟斯時留下的印象：「我經常在大英博物館的閱覽室見到一名男人，他大約36、7歲，身穿棕色棉絨外套，身材瘦削且一臉堅毅，就像運動員一樣。在尚未得知他的名字和研究領域前，總覺得他渾身散發著會出現在浪漫小說中的氣質。忘了經由誰介紹，不久後我便認識他了。別人都叫他利德爾・馬瑟斯，不過他在凱爾特運動的影響下開始自稱麥克逵格・馬瑟斯，之後便都稱作麥克逵格了。他是《揭開卡巴拉的面紗》一書的作者，研究領域是魔法和戰爭理論。」對葉慈來說，馬瑟斯不只是《揭開卡巴拉的面紗》一書的作者，也是他一生研究魔法知識的精神導師。

馬瑟斯在大英博物館裡埋首研究魔法書抄本，並於一八八八年出版魔法書《所羅門的鑰匙》的英文譯本。這本抄本是14至15世紀左右，以拉丁語、法語、義大利語等撰寫而成，主要在介紹土星、木星、火星、太陽、金星、水星和月亮的護身符等魔法操作方法。

《3》與米娜・柏格森結婚

一八八七年，馬瑟斯畢業於斯萊德美術學院後，認識了在大英博物館學習埃及藝術的米娜・柏格森。馬瑟斯對她一見鍾情，但兩人相處了一段時間才訂下婚約。一八九〇年，馬瑟斯和米娜舉行了婚禮，當時馬瑟斯36歲、米娜25歲，主持婚禮的艾頓牧師也是黃金黎明協會的成員。米娜的哥哥是著名的哲學家亨利・柏格森（Henri Bergson），他在後來成為了心靈研究協會的會長，雖然對唯靈論持理解態度，卻始終與「魔法」保持著距離。無論米娜是在倫敦，還是後來搬到了巴黎，他都沒有與妹夫馬瑟斯建立起親密的關係。

▶**莫伊娜・馬瑟斯**　米娜・柏格森在大英博物館學習埃及藝術時認識了馬瑟斯，婚後改名為莫伊娜・馬瑟斯。照片拍攝於一八九五年。

米娜結婚後，改名為莫伊娜・馬瑟斯。莫伊娜在當時就已經擁有靈能，馬瑟斯會深受她吸引，除了美貌之外，或許正是因為她的這個能力。莫伊娜不僅是黃金黎明協會第一位加入第一教團的成員，也是第一位登錄為第二教團的成員。她作為馬瑟斯的分身，主持許多教團活動。她於一九二六年出版的第四版《揭開卡巴拉的面紗》序文中，回顧了黃金黎明協會成立時的情況：維斯特考特與伍德曼在教團的經營層面與部分教義上扮演著核心角色，但是關於教團教義的文書幾乎都是由其丈夫在靈性導師的指導下撰寫而成。

一八九〇年，馬瑟斯成為倫敦森林山的霍尼曼博物館負責人。其創辦人弗雷德里克・霍尼曼（Frederick Horniman）的長女安妮・霍尼曼與莫伊娜是好友，安妮・霍尼曼為了支援朋友的生活而將這份工作介紹給馬瑟斯。葉慈和佛羅倫絲・法爾便是在這個時期拜訪馬瑟斯家，進行召喚精靈的實驗。然而，馬瑟斯與雇主弗雷德里克・霍尼曼處得不好，他辭掉這份工作後，又回到貧困的生活。自此，馬瑟斯就沒有一份固定的工作（在此之前也幾乎如此）。安妮・霍尼曼告訴莫伊娜會幫她提供經濟支援，勸她前往巴黎，但一八九二年時馬瑟斯也一同去了巴黎。

下一章會繼續述說馬瑟斯夫婦待在巴黎後的故事，本章要先來看看馬瑟斯所完成的黃金黎明協會入會儀式及其象徵主義。

II 黃金黎明協會的儀式與象徵主義

《1》黃金黎明協會的卡巴拉

如今，我們可以透過格爾肖姆・朔勒姆和摩西・伊德爾（Moshe Idel）等人的學術研究，認識猶太教神祕主義「卡巴拉」的真實面貌。然而，19世紀下半葉，一般大眾所能接觸到的卡巴拉文獻極為有限，且資訊未必準確，從正統卡巴拉學派的角度來看可說是不具備真正的價值。話雖如此，從這些資料可見各個時代下對卡巴拉的理解，在文化史上並非毫無意義。

19世紀下半葉可用的卡巴拉文獻，包括阿道夫・法蘭克（Adolf Frank）一八四三年的《卡巴拉與猶太宗教哲學》（Die Kabbala oder die mystische Theosophie der Hebräer）、克利斯蒂安・金茲堡（Christian Ginsburg）一八六三年的《卡巴拉》（Kabbalah）等。尤其是後者，麥肯齊和馬瑟斯都曾充滿敬意地提到，對於想學習卡巴拉的人來說，是重要的經典之一。此外，黃金黎明協會創立過程中，一八八七年出版了《創世之書》和《揭開卡巴拉的面紗》兩部英文譯本，前者是維斯特考特所著，後者則是馬瑟斯所著。其中，《創世之書》有多個譯本，如：伊西多爾・卡里希（Isidore Kalisch）所著的英文譯本等，維斯特考特的版本並不是第一個；而《揭開卡巴拉的面紗》中含有部分《光輝之書》，作為瞭解卡巴拉的基本文獻廣為流傳。

馬瑟斯於《揭開卡巴拉的面紗》序文中提出的卡巴拉教義要點，後來成為黃金黎明協會核心教義的基礎。要從黃金黎明協會的初始位階及第一位階晉升到第四位階，必須研習5種「知識講座」，當中包含的神祕學，除了鍊金術、占星術和塔羅，大部分都與卡巴拉有關，且在許多方面與馬瑟斯的序文內容重疊。接下來，我們將以馬瑟斯的這篇序文為主，探究19世紀下半葉到20世紀初時的人對卡巴拉的理解。

卡巴拉可寫作Cabala、Kabalah、Kabbalah、Qabalah等。語源學上的意思為「接受」，屬於一種口頭傳承的猶太祕教教義。

卡巴拉祕鑰

據傳，亞當墮落後，天使授予他卡巴拉祕鑰，後來傳給了諾亞、亞伯拉罕、摩西、大衛王和所羅門。摩西編撰了《舊約聖經》律法（摩西五經的《創世記》到《申命記》），但直到2世紀傳說中的拉比——西蒙・本・約海（Simeon ben Yohai）出現，才於《光輝之書》中揭示其祕密教義。根據傳說，西蒙於一六一年遭羅馬皇帝判處死刑，他帶著兒子以利亞撒（Elazar）逃亡並藏身山洞中，花了12年時間撰寫《光輝之書》的重要部分。約一三〇五年時，西班牙的拉比——摩西・德・萊昂彙整西蒙的抄本等各種資料，公開出版了《光輝之書》。之後的一六七七年至一六八四年期間，克諾爾・馮・羅森羅斯又出版了這本書的拉丁語譯本。直到一八八七年的英文譯本《揭開卡巴拉的面紗》問世，英語圈的讀者真正擁有第一本正式的卡巴拉文獻。

PLATE I.—TABLE OF HEBREW AND CHALDEE LETTERS.

Number	Sound or Power.	Hebrew and Chaldee Letters.	Numerical Value.	Roman character by which expressed in this work.	Name.	Signification of Name.
1.	*a* (soft breathing).	א	**1.** (Thousands are	**A.**	Aleph.	Ox.
2.	*b*, *bh* (*v*).	ב	**2.** denoted by a	**B.**	Beth.	House.
3.	*g* (hard), *gh*.	ג	**3.** larger letter ;	**G.**	Gimel.	Camel.
4.	*d*, *dh* (flat *th*).	ד	**4.** thus an Aleph	**D.**	Daleth.	Door.
5.	*h* (rough breathing).	ה	**5.** larger than the	**H.**	He.	Window.
6.	*v*, *u*, *o*.	ו	**6.** rest of the let-	**V.**	Vau.	Peg, nail.
7.	*z*, *dz*.	ז	**7.** ters among	**Z.**	Zayin.	Weapon, sword.
8.	*ch* (guttural).	ח	**8.** which it is,	**Ch.**	Cheth.	Enclosure, fence.
9.	*t* (strong).	ט	**9.** signifies not 1,	**T.**	Teth.	Serpent.
10.	*i*, *y* (as in *yes*).	י	**10.** but 1000.)	**I.**	Yod.	Hand.
11.	*k*, *kh*.	כ Final = ך	**20.** Final = **500**	**K.**	Caph.	Palm of the hand.
12.	*l*.	ל	**30.**	**L.**	Lamed.	Ox-goad.
13.	*m*.	מ Final = ם	**40.** Final = **600**	**M.**	Mem.	Water.
14.	*n*.	נ Final = ן	**50.** Final = **700**	**N.**	Nun.	Fish.
15.	*s*.	ס	**60.**	**S.**	Samekh.	Prop, support.
16.	*O*, *aa*, *ng* (gutt.).	ע	**70.**	**O.**	Ayin.	Eye.
17.	*p*, *ph*.	פ Final = ף	**80.** Final = **800**	**P.**	Pe.	Mouth.
18.	*ts*, *tz*, *j*.	צ Final = ץ	**90.** Final = **900**	**Tz.**	Tzaddi.	Fishing-hook.
19.	*q*, *qh* (guttur.).	ק	**100.** (The finals are not	**Q.**	Qoph.	Back of the head.
20.	*r*.	ר	**200.** always considered	**R.**	Resh.	Head.
21.	*sh*, *s*.	ש	**300.** as bearing an in-creased numeri-	**Sh.**	Shin.	Tooth.
22.	*th*, *t*.	ת	**400.** cal value.)	**Th.**	Tau.	Sign of the cross.

▲希伯來語字母　馬瑟斯於《揭開卡巴拉的面紗》序文中，收錄了希伯來字母的數字、名稱、象徵對應表。

卡巴拉大致可分為以下幾種：實踐卡巴拉、文字卡巴拉、未文字化卡巴拉、教義卡巴拉。

實踐卡巴拉與護身符魔法、儀式魔法有關，而馬瑟斯表示：「《揭開卡巴拉的面紗》一書中不涉及此主題。」故黃金黎明協會並不以護身符魔法作為主要課題；文字卡巴拉則涉及希伯來字母代碼、拼詞法、替換法等各種解讀文本的技術（參照29、30頁）；而未文字化卡巴拉，馬瑟斯並沒有多加描述。

教義卡巴拉

教義卡巴拉的核心建立在以下4部經典上：《創世之書》、《光輝之書》、《源體之書》（Sefer Sefirot）、《鍊金術之柱》（Eshel Metzaref）。

《創世之書》揭示了萬物基礎為10個源體及22個希伯來語字母，天地的創造基於數字、字母和聲音。10＋22＝32，故有32條連結源體的路徑。其中的22個字母，是由3個母音字母（Aleph、Mem、Shin）、7個具氣音和無氣音的複音字母（Bet、Gimel、Dalet、Kaf、Pe、Resh、Tav）、12個單音字母（He、Vav、Zayin、Chet、Tet、Yod、Lamed、Nun、Samekh、Ayin、Tzade、Qof）組成。3個母音字母代表四大元素中的空氣、水和火，火生天、水生海陸、空氣形成中間的大氣；7個複音字母代表了七大行星、創造七日、人類的七個感覺器官等；12個單音字母代表了黃道十二宮、十二個月、人類的十二個主要器官等。黃金黎明協會中，以22片玫瑰花瓣表現希伯來語字母的組成。

卡巴拉體系將神創造天地，理解為神聖原理流出的過程。創造之前，神具有超自然的本質，無法用理性理解。卡巴拉將這些本不可定義之物，象徵性地以ein（無）、ein sof（無限）、ein sof aur（無限光）表現。ein由3個希伯來語字母組成，象徵前3個源體的輪廓；ein sof由6個希伯來語字母組成，代表接下來的6個源體；ein sof aur由9個希伯來語字母組成，為最初的9個源體。發展至9之後應該轉向10，但實際上會作為新的1重新流出。

根據馬瑟斯的說法，阿拉伯數字10由1和0組成，0代表無，故10等於1。從「無」到「無限光」的階段屬於未具形象的無限狀態，無限光集中便會產生第一個源體——王冠（Kether）。

生命樹

無限光集中到一點上，即會誕生第一個源體王冠（Kether），與之對應的神名為有者（Ehyeh）。《出埃及記》中顯現於摩西之前的神，便稱自己為「Ehyeh Asher Ehyeh（我是我所是）」。Kether又稱古老者（The Ancient of Days）、大面容（Arik Anpin）、巨面者（Macroprosopus）。

第二個源體智慧（Chochma）對應的神名是耶和華（IHVH）；第三個源體理解（Binah）對應的神名則是耶和華・以羅欣（IHVH Elohim）。Chochma為永恆之父（Abba），Binah為永恆之母（Aima），兩者永遠相連。其中，Aima作為女性出現於《啟示錄》第十二章。Kether、Chochma、Binah形成第一個三位組。

第四個源體慈悲（Chesed）對應的神名是大能者（El）；第五個源體嚴厲（Geburah）或正義（Din）對應的神名是英雄之神（Elohim Gibor）；第六個源體美麗與平衡（Tiphareth）對應的神名是知識之神（Eloar Va Daath）。

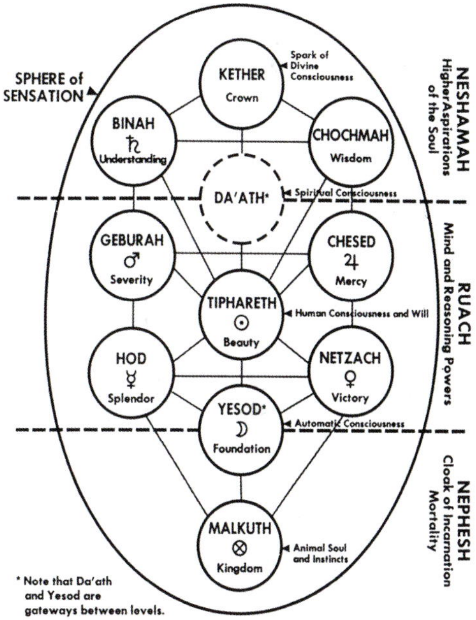

▲生命樹　此生命樹對應了黃金黎明協會的第一、二、三教團。正如四字神名與人體重疊，人類內部結構也和生命樹一致。一開始以Kether為中心的3個源體即神之領域的靈性靈魂（Neshamah），接下來以Tiphareth為中心的3個源體為判斷道德善惡的意識靈魂（Ruach），其次以Yesod為中心的3個源體為感官上的慾望靈魂（Nephesh）。Malkhut則是與外界接觸的肉體本身。

◀生命樹和色彩象徵主義　每個源體有對應的色彩：Kether為白色（讓人想起光）、Chochma為灰色、Binah為黑色、Chesed為藍色、Geburah為紅色、Tiphareth為黃色、Netzach為綠色、Hod為橘色、Yesod為紫色，Malkuth為混合色。

Chesed、Geburah、Tiphareth形成第二個三位組。

第七個源體勝利（Netzach）對應的神名是萬軍耶和華（IHVH Tzabaoth）；第八個源體宏偉（Hod）對應的神名是萬軍以羅欣（Elohim Tzabaoth）；第九個源體根基（Yesod）對應的神名是全能之神（Shaddai）、生命源頭（El Chai）。Netzach、Hod、Yesod形成第三個三位組。

其中，第四至第九個源體合稱為小面容（Zeir Anpin）、小面者（Microprosopus）。

第十個源體Malkuth（王國）對應的神名是亞多乃（Adonai）。Malkuth又稱小面者的新娘。

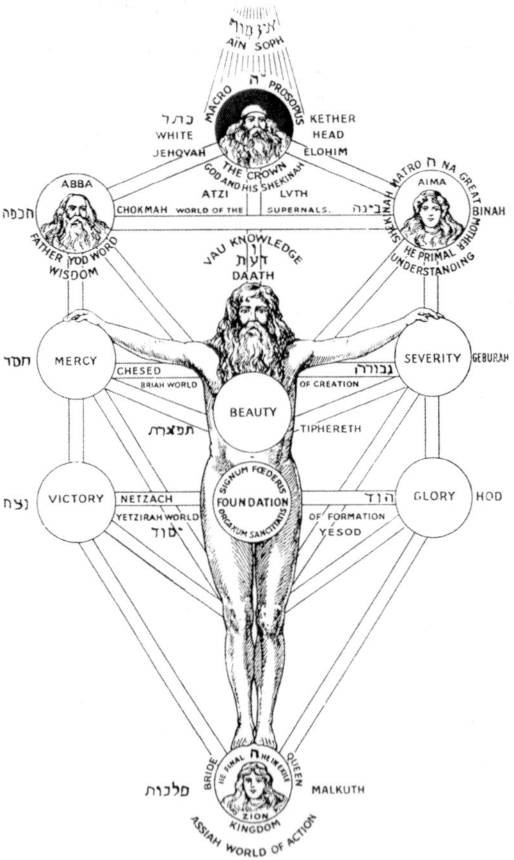

▶亞當・卡蒙 此為亞瑟・愛德華・偉特在《神聖卡巴拉》的封面插畫中所描繪的原初之人——亞當・卡蒙。

原初之人亞當・卡蒙

10個源體整體代表了原初之人——亞當・卡蒙，又稱普羅多格諾斯（Protogonos）。亞當・卡蒙為宇宙人類，與《創世記》伊甸園中的亞當不同。組成亞當・卡蒙的源體中，Kether是頭頂、Chochma和Binah分別是頭的右側和左側、Chesed和Geburah分

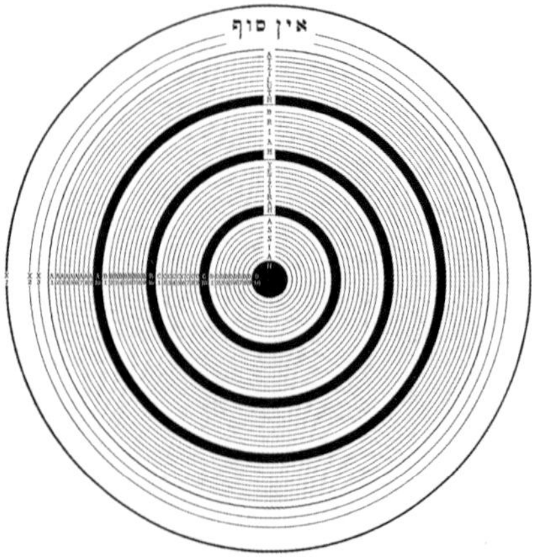

▶由無限發展出的4個世界 由無限（ein sof）向內形成40個天體。原型界（Atziluth）以A1至A10表示，代表最高的神聖世界，生命樹或亞當・卡蒙與這個世界重疊，其中A1包含了所有被創造物的原型；創造界（Briah）用B1至B10表示，對應10位大天使；形成界（Yetzirah）用C1至C10表示，為10位天使的領域；物質界（Assiah）用D1至D10表示，為最下層的物質世界。其中，D1是原動天，接著是恆星天、七大行星，D10為四大元素。

別是右手和左手、Tiphareth是心臟、Netzach和Hod分別是右腿和左腿、Yesod是生殖器、Malkuth是雙腳。10個源體又分成左側、中央、右側三支柱，分別為嚴厲之柱、和諧之柱和慈悲之柱。

右上插圖為偉特《神聖卡巴拉》（The Holy Kabbalah）的封面插畫，頂部為ein sof、下方發展出Kether（巨面者）；Chochma和Binah作為Abba與Aima，象徵永恆的父母。一開始的3個源體代表智慧領域，象徵戴著王冠的國王和王后，也相當於基督教聖父、聖子和聖靈的三位一體。三者為創造源體，不受亞當墮落所影響。中間的6個源體為小面者，以亞當的樣貌呈現，其中3個源體（Chesed、Geburah、Tiphareth）屬道德領域，接下來的3個源體（Netzach、Hod、Yesod）屬物質領域。最後一個源體Malkuth是小面者的新娘。

從ein sof經Kether再到Malkuth的流出過程中，會歷經4個階段：原型界（Atziluth）、創造界（Briah）、形成界（Yetzirah）、物質界（Assiah）。若將10個源體一分為四，Kether、Chochma、Binah三位組屬原型界，受到神之光照耀而不黯淡的美好神聖世界；Chesed、Geburah、Tipharet h三位組屬創造界，光明程度不及原型界，但仍是神聖世界；Netzach、Hod、Yesod三位組屬形成界，相較於大天使領域的創造界，為天使的領域；Malkuth則屬最下層的物質界，有邪靈存在，卡巴拉中稱之為「殼（Qlipha）」。

當這四界各自由10個源體組成時，就會形成連鎖的生命樹結構。有時會以同心圓的形式，描繪為40個天體。

四字神名（IHVH／YHVH）的每個字母都有相對應的源體。Yod（י）上方為Kether（王冠）、主體為Chochma（小面者的父親Abba）；He（ה）為Briah（小面者的母親Aima）；Vav（ו）是從Chesed到Yesod的6個源體（小面者）；第二個He（ה）是小面者的新娘。若將之與人類樣貌重疊，由上到下為頭部、肩膀、手臂、軀幹和腿部。

人體的內部構造

不僅四字神名可與人體重疊，人類的內部構造也可按生命樹的形式構成。一開始以Kether為中心的3個源體是連結神聖領域的靈性靈魂（Neshamah），接下來以Tiphareth為中心的3個源體為判斷道德善惡的意識靈魂（Ruach），其次以Yesod為中心的3個源體為感官上的慾望靈魂（Nephesh）。Malkhut則是與外界接觸的肉體本身。

當假定靈性靈魂、意識靈魂和慾望靈魂上方有一超然靈性「Chayah」時，超然靈性就相當於巨面者；靈性靈魂相當於小面者的父母，分別代表原型界和創造界；意識靈魂相當於小面者，代表形成界；慾望靈魂相當於小面者的新娘，代表物質界；物質界內部又存在10個源體。

地上人類的內部構造反映出亞當・卡蒙和墮落前的亞當，並再次上演宇宙的墮落和救贖。馬瑟斯假定超然靈性位在靈性靈魂上層，並將靈性靈魂分成三層次：靈魂本源（Yechida）、超然靈性、靈性靈魂，分別對應Kether（巨面者）、Chochma、Binah。這時，意識靈魂對應小面者的6個源體，慾望靈魂對應Malkuth（小面者的新娘）。大天使米迦勒即深受靈性靈魂影響的意識狀態；邪靈撒旦則為深受慾望靈魂支配意識靈魂的狀態。

《2》第一教團的入會儀式

黃金黎明協會入會儀式中出現的職位，都是根據《密碼手稿》的內容來命名，有3個主要職位和3個輔佐職位。主要職位是聖顯者（Hierophantes）、祭司（Hiereus）和引導者（Hegemon），輔佐職位是傳令官（Kerux）、準備者（Stolistes）和火炬手（Dadouchos）。這些特殊名稱源自於希臘艾盧西斯祕儀中使用的術語。

聖顯者負責統籌整個儀式，相當於艾盧西斯祕儀中的大祭司；祭司負責在儀式中解說神祕儀式的意義；引導者的原文一詞有「將軍」之意，負責在儀式中引導自願參加者，帶領他們行進於神殿內；傳令官負責在儀式中進行報告或傳話；準備者是負責服裝的祭司，管理衣服和寶章；火炬手在艾盧西斯祕儀中是負責燈飾的人，掌管燈飾和香爐。

黃金黎明協會的特徵，就是融合了各種語言及文化。比如神殿名稱使用的是埃及神的名字，如：伊西斯烏拉尼亞神殿、歐西里斯神殿、荷魯斯神殿、阿蒙拉神殿；儀式職位名稱是希臘語；成員的教團名稱是拉丁語；位階制度的源體名稱是希伯來語等。

麥肯齊在《皇家共濟會百科全書》中，指出艾盧西斯祕儀類似共濟會導師的入會儀式，並介紹了聖顯者以下的職位。維斯特考特和馬瑟斯身為共濟會成員，對這些儀式熟悉無比，黃金黎明協會的6個職位可能就是參照了共濟會導師的入會儀式，即：大師（Master）、守衛（Warden）、副守衛（Deputy Warden）、執事（Deacon）、副執事（Deputy Deacon）、門衛（Tyler）等。

黃金黎明協會的初始位階入會儀式上，自願參加者會如共濟會學徒和工匠位階的入會儀式，雙手與脖子被繩索綁縛。儀式的主軸是從黑暗走向光明，象徵自願參加者從無知與混沌之夜邁向智慧世界的過程。第一個儀式中，聖顯者會告訴自願參加者：「大地之子啊，你在黑暗中待得太久了。離開黑夜，尋找白天吧。」

第一教團的教育課程分成5個階段，要學習卡巴拉、占星術和鍊金術的基礎知識，包含黃道十二宮和七大行星、希伯來語字母、源體和32條路徑、神名、大天使名、天使名、塔羅牌、靈魂三層等等，與儀式魔法有關的並不多。第一教團所教授的技法中，與儀式魔法類似的是一種召喚四大元素精靈的五芒星儀式。儀式中會一邊唸誦神名，一邊使用祝聖之劍，在4個方位繪製出五芒星；封印精靈時也會進行這類儀式。李維的《高等魔法的教義與儀式》、神智學家弗朗茲·哈特曼的《白魔法與黑魔法》中都有詳述或提及這種儀式，可見其重要性。

第一教團的教育課程中，還包含了教義的圖解說明。84頁右圖便是基於《密碼手稿》簡單繪製的插圖，描繪著伊甸園墮落前的情景，於第三位階入會儀式中揭示；85頁左圖則描繪了伊甸園墮落後的情景，於第四位階入會儀式中揭示。

《3》第二教團的入會儀式

一八八八年之後的幾年裡，黃金黎明協會僅設有第一教團（包含初始位階）5個位階的入會儀式。這是因為馬瑟斯所根據的《密碼手稿》中，只有到第四位階入會儀式為止的摘要。因此，當時晉升到第五位階並非透過儀式，而

▲**爬上生命樹的蛇和燃燒之劍（1）** 描繪了沿著生命樹路徑從Malkuth往上爬到Kether的蛇，以及從Kether順著10個源體下降到Malkuth的燃燒之劍。

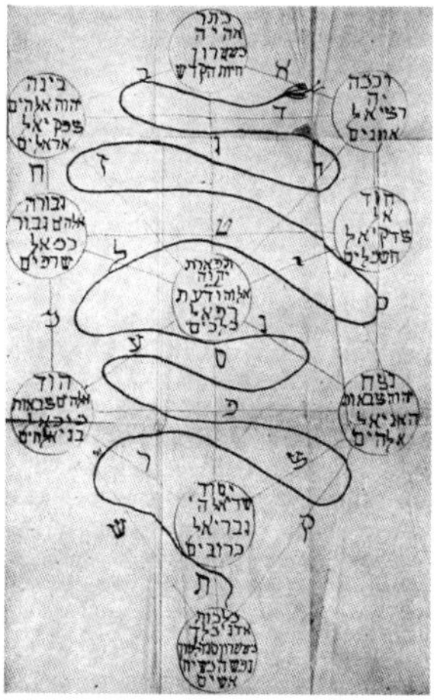

◀**爬上生命樹的蛇（2）** 麥克達格・馬瑟斯親撰的《蛇之道》（The Serpent's Path）。22張塔羅牌對應22個希伯來語字母，並與生命樹的22條路徑一致。

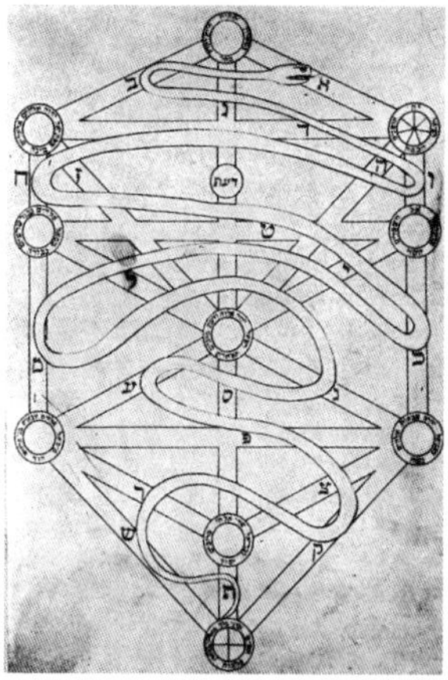

◀**爬上生命樹的蛇（3）** 收錄於威廉・巴特勒・葉慈一八九三年《筆記本》的《蛇之道》。

是以通過考試的形式完成。隨著教團逐漸發展，一八九一年開始舉行第二教團的第五位階入會儀式，這是馬瑟斯在沒有依據《密碼手稿》下設計的。維斯特考特在一九一二年的一封書信回憶中提到：「馬瑟斯從巴黎帶回第五位階的儀式，他認為這正是初始位階至第四位階的總結與高峰。我（維斯特考特）完全沒有參與第五位階的儀式，但從初始位階到第四位階擁有優先權。」維斯特考特只是將《密碼手稿》翻成英文（當中有記載第五位階摘要），是馬瑟斯據此設計出可運用的第五位階儀式。

馬瑟斯的構想中，第一教團的儀式應對應共濟會的學徒與工匠位階，第二教團的儀式則對應於共濟會的師匠位階。共濟會的師匠位階入會儀式主軸為死亡試煉，故黃金黎明協會第二教團的入會儀式，便是以克利斯蒂安・羅森克羅伊茲的地下神殿為舞台。

自願參加者完成第一教團的課程後，在進入第二教團前必須接受一場過渡儀式，稱為「通過賢者拱頂入口之道的主（Lord of the Paths of the Portal of the Vault of the Adepti）」。其中，賢者拱頂即為克利斯蒂安・羅森克羅伊茲的

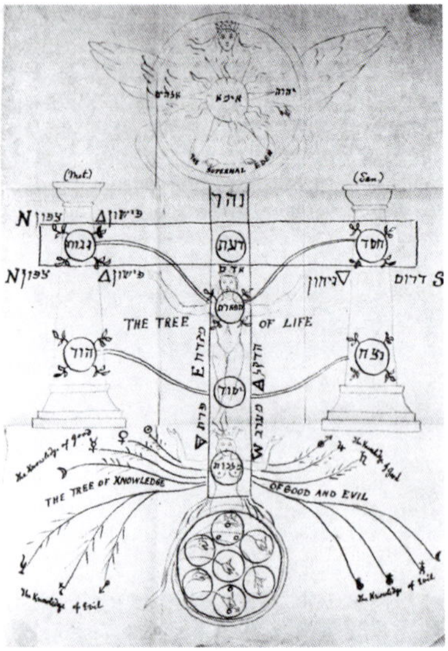

▲墮落前的伊甸園（2） 麥克達格·馬瑟斯根據《密碼手稿》第四位階的素描所繪製的插圖。

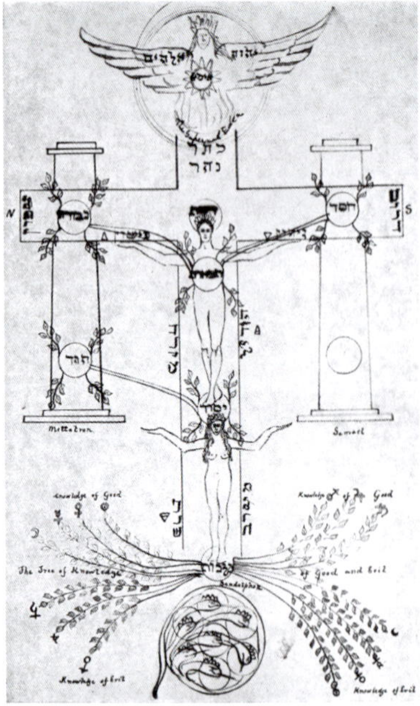

▲墮落前的伊甸園（3） 墮落前伊甸園裡的樹，由喬治·海德－李斯（Georgie Hyde-Lees，後來的威廉·巴特勒·葉慈夫人）所繪。

▲墮落前的伊甸園（1） 頂部描繪了一位女性，身覆太陽、腳踩月亮，頭戴12顆星點綴的王冠（引用自《啟示錄》第12章），對應生命樹的前3個源體。亞當和夏娃位於中央，生命樹生長於亞當周圍，善惡之樹則生長於夏娃腳下。亞當對應Chesed、Geburah、Tiphareth、Netzach、Hod和Yesod，夏娃對應Malkuth。夏娃腳下繪有7頭10角的大紅龍（引用自《啟示錄》）。取自瑞格德（Israel Regardie）的《黃金黎明協會》（The Golden Dawn）。

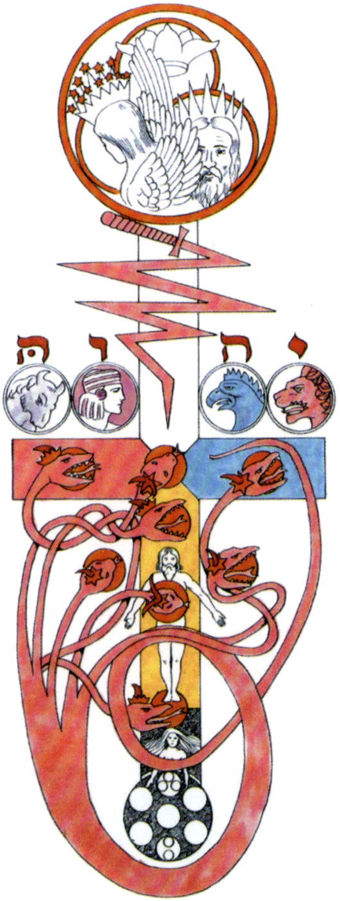

◀墮落後的伊甸園（1） 上方為一名墮落前的女性，分離成父與母，兩者上方的小圓中都畫著王冠。該領域與下方領域間繪有閃電狀的劍，顯示下方世界的混亂並沒有波及到上方世界。接著，是一同出現的四字神名與以西結4種生物。墮落前位於最下方的大紅龍入侵亞當和夏娃的世界，表示著混亂的狀態。取自瑞格德的《黃金黎明協會》。

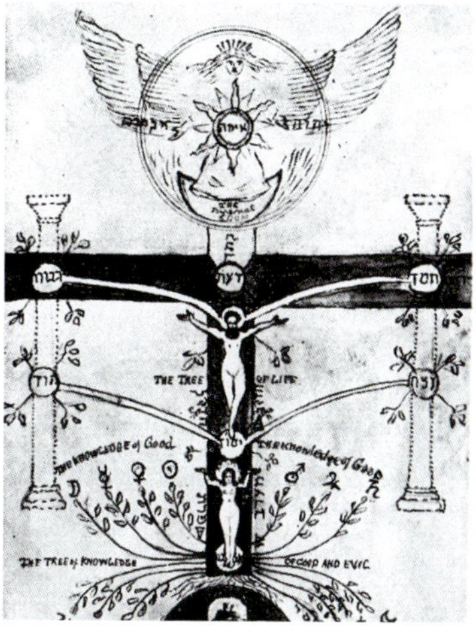

▲墮落前的伊甸園（4） 取自喬治·普勒斯芬（威廉·巴特勒·葉慈的叔父）《筆記本》。

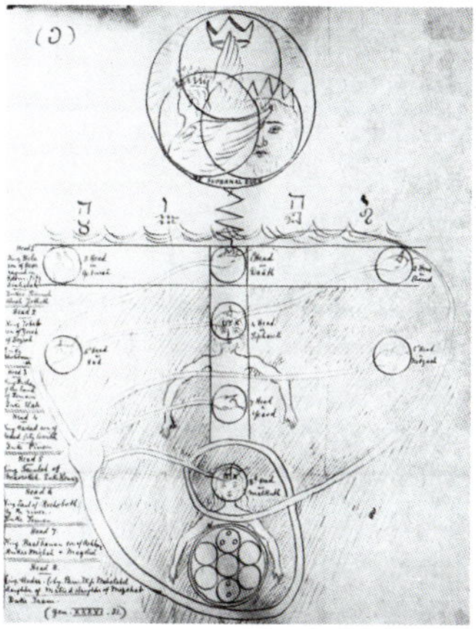

◀墮落後的伊甸園（2） 麥克達格·馬瑟斯根據《密碼手稿》第四位階的素描所繪製的插圖。

神殿。儀式中會出現猶太教神殿中約櫃前方的帷幕「Parochet」，將第二教團作為神殿至聖所，至聖所與聖所之間懸掛的帷幕就是「神殿的入口」。值得注意的是，這項儀式並不列入黃金黎明協會的10個位階中。第二教團的第五位階入會儀式，是根據玫瑰十字會文獻《兄弟會傳說》，以克利斯蒂安·羅森克羅伊茲的神殿為舞台所設計，同時呼應埃及神歐西里斯的死亡與復活神話。

第五位階的入會儀式中，會由3位導師負責自願參加者的入會儀式。入會儀式如同三幕劇由3個部分組成，按照3個階段（要點）依序進行。

第一要點

自願參加者需穿著黑衣、脖子纏上鎖鍊、綁縛雙手。首先會告誡自願參加者保持恭謹、用謙虛的態度接受儀式，接著將之掛上木製十字，列舉出第五位階的小達人應遵守的職責，包含不得向外界洩漏第一教團中學到的護身符、透視、占卜、星體投射、五芒星等內容。其中，原本鍊金術的偉業是將卑金屬變成黃金，但黃金黎明協會所教授的偉業，是淨化和提升靈性本質，並得到神

的保佑以達到超越人的境界，階段性地逐步提升自我，與高次元的神聖天賦合

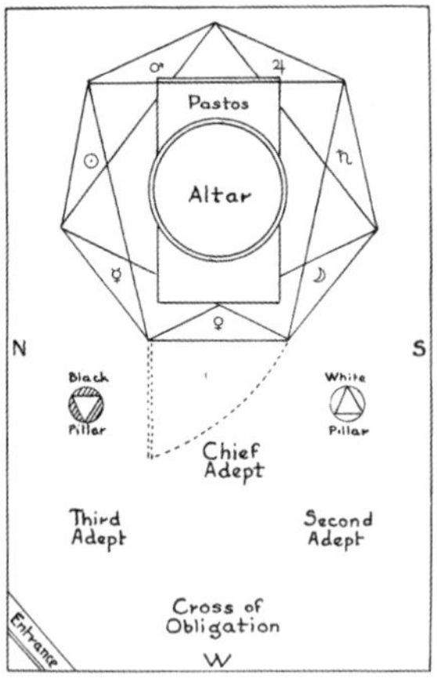

▶**第二教團的入會儀式（第一要點）** 第二教團的入會儀式以克利斯蒂安・羅森克羅伊茲的地下神殿為舞台。《兄弟會傳說》一書中指出，地下神殿中央有一座圓形祭壇，移動這個祭壇，會發現下方放著克利斯蒂安・羅森克羅伊茲的棺材。第五位階的入會儀式，是以重溫他的故事進行下去。

◀**發現克利斯蒂安・羅森克羅伊茲的地下神殿** 在曼利・帕爾默・霍爾的《卡巴拉和玫瑰十字會》（《象徵哲學大系》〔The Secret Teachings of All Ages〕第三卷）中，描繪了發現克利斯蒂安・羅森克羅伊茲地下神殿的場景。

而為一。之後，自願參加者會被人從十字架上放下來，脫下黑色喪服、解開鎖鍊。在這個階段，會重複述說克利斯蒂安・羅森克羅伊茲的經歷與玫瑰十字會的創立故事。

根據《兄弟會傳說》一書所言，一三七八年羅森克羅伊茲出生於一個貴族家庭，從小便進入修道院。他曾前往聖城耶路撒冷朝聖，並學習穆斯林世界的數學、醫學、天文學、鍊金術和魔法後回到德國。他決定與3位志同道合的人建立新結社，並在4位同志的幫助下成立了玫瑰十字會。總部的建築物稱為「聖靈之家」，成員會派遣至世界各地，以無償救治病人等為使命。羅森克羅伊茲於一四八四年去世，但是在120年後才有人偶然發現其地下神殿。羅森克羅伊茲神殿的大門上以拉丁文寫著：「我將在120年後出現。」神殿本身是由7面側壁與7個角構成的七角形空間，每面側壁寬5英尺高8英尺；中央有一座圓形祭壇，移開祭壇便會看到下方的羅森克羅伊茲棺材。

當故事來到創始人羅森克羅伊茲的墳墓再次被發現時，自願參加者隨即退出。第五位階的入會儀式便是以重溫克利斯蒂安・羅森克羅伊茲故事的形式進行下去。

第二要點

在自願參加者再次進入之前，扮演克利斯蒂安・羅森克羅伊茲的首席導師會橫躺於棺材（Pastos）之中。黃金黎明協會成立之初，馬瑟斯一直擔任這個角色。棺材內側頂部有49片花瓣的玫瑰十字架，內外都描繪著色彩豐富的各種符號。

棺材上方有一座圓形祭壇，公牛、獅子、老鷹、人臉4個象徵符號被繪於4個圓盤上。紅圓盤上是綠獅子、黃圓盤上是紫人臉、藍圓盤上是橘老鷹、黑圓圈上是白公牛，整體設計得色彩繽紛，應出自馬瑟斯夫人莫伊娜之手。神智學中，色彩往往有獨到的解釋，黃金黎明協會同樣運用了這種色彩的象徵主義。此外，祭壇上還放置了有著25瓣玫瑰的黑色十字架、權杖、皮繩、杯子和短劍等。

第三導師會將羅森克羅伊茲的這段話告訴自願參加者：「我將於120年後，以十字架之光的形式出現。」第二導師則負責說明祭壇上的公牛、獅子、老鷹

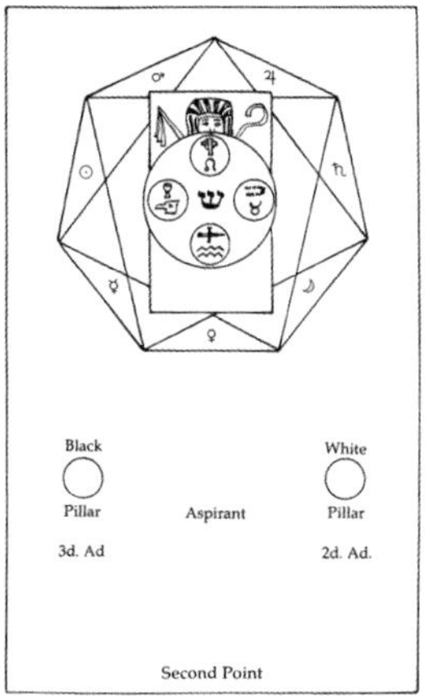

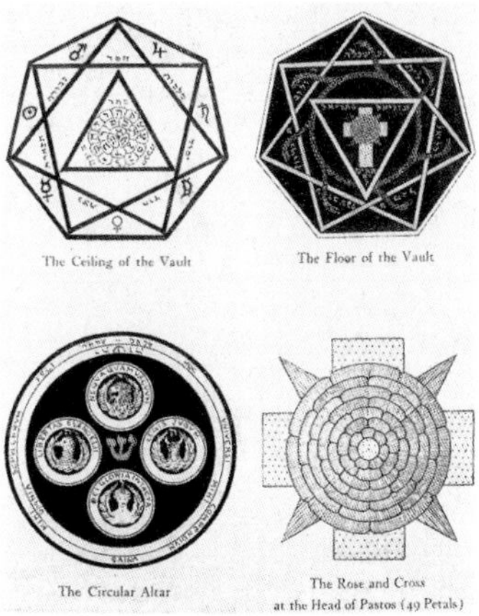

▶地下神殿的天花板、地板、圓形祭壇
左上是天花板的圖案，七大行星圍繞著中央的三角形，其中有一朵22瓣的玫瑰，三角形代表3個至高無上的源體，22片花瓣表示蛇之道的22條路徑；右上是地板的圖案，四周圍繞一條七頭紅龍，中央的倒三角形中描繪著金十字架和紅玫瑰（象徵第二教團的紅玫瑰＝黃金十字架）；左下是祭壇的圖案，4個圓盤上分別畫有公牛、獅子、老鷹和人臉，其中心為希伯來字母S（ש），整體代表耶和華（即耶穌）；右下是49瓣的玫瑰和十字架。

◀第二教團的入會儀式（第二要點） 棺材上方有一圓形祭壇，公牛、獅子、老鷹、人臉這4個符號分別繪於4個圓盤上。

（祭壇附有腳輪，可視需求輕易移動）；首席導師繼續橫躺著，談論羅森克羅伊茲死亡與復活的意義。

如同羅森克羅伊茲，所有時代的導師都是克服困難而來，他們會以鍊金術的點石成金，比喻自願參加者靈魂上升的最終過程：「過去的導師全經歷過貧窮、痛苦和死亡，但這些無非是黃金淨化的過程；需以你（自願參加者）內心的蒸餾器，透過悲傷的鍊金爐（Athanor）探索賢者之石。」可見黃金黎明協會歷經玫瑰十字會、黃金玫瑰十字會和英國玫瑰十字會，傳承了神祕主義的鍊金術。

然後棺材再次關閉，自願參加者退出神殿。扮演羅森克羅伊茲的首席導師，其存在象徵著黃金黎明協會的目標「高次元格尼烏斯」；而自願參加者藉由重溫羅森克羅伊茲的死亡與復活，來與高次元格尼烏斯合而為一。

第三要點

當自願參加者再次被帶往神殿時，首席導師已經從棺材離開來到外面。接著，首席導師會告知羅森克羅伊茲的死而復生，不僅象徵著歐西里斯的復活，還具有基督復活的含義，並舉行儀式讓自願參加者與光——高次元格尼烏斯合而為一。此外，會向自願參加者解說各種象徵與密碼，如：INRI（意即「猶太人的王，拿撒勒人耶穌」）、約書亞（在四字神名IHVH中間加上S〔ש〕，代表耶和華變成約書亞IHSVH，也就是耶穌）、源體與色彩之間的關係（參照79頁圖說）、天花板的玫瑰（22片花瓣）、地板上的大紅龍與紅玫瑰（黃金十字架）、7面側壁上的符號表等。7面側壁上有著縱8行、橫5列的表格，每格中都寫著希伯來語字母（將10個字母配置成生命樹的形狀），上方畫有公牛、人、老鷹、獅子和車輪（靈氣的象徵），以及鍊金術、七大行星和黃道十二宮的符號。

黃金黎明協會的最終目標——與高次元格尼烏斯合而為一，可從生命樹與人類內在結構之間的對應關係來圖解說明。89頁右下圖出自佛羅倫絲・法爾的《象徵魔法》（The Magic of the Symbols），她將靈性靈魂細分為3個層級：靈魂本源、超然靈性、靈性靈魂，並各自對應Kether、Chochma、Binah。到達第三要點的自願參加者，會從意識靈魂上升到靈性靈魂，儀式至此結束。不過，理論上只要將精神專注於靈性靈魂，便能再提升至超然靈性和靈魂本源，最終與高次元格尼烏斯合而為一，進入超越人類智慧的世界。當儀式結束時，自願參加者便會成為第五位階小達人的成員，獲得黃金黎明協會導師的資格。

《4》黃金黎明協會的目標

完成黃金黎明協會第四位階的人，將晉升到第二教團的第五位階，並會在這個階段獲得「魔法師」資格。相較於神智學協會和英國玫瑰十字會，黃金黎明協會能從中脫穎而出的一點，便是將儀式魔法的元素納入教義中。不過，並不是中世紀以前流傳的那種召喚邪靈儀式，只是製作魔法用具（如：權杖、聖杯、劍、五芒星盤）、描繪五芒星和六芒星，以及塔特瓦靈視（Tattva vision）、星光投射（Astral travel）等視覺體驗魔法。

要探究黃金黎明協會與中世紀、文藝復興的魔法有何不同，必須思考其目標。黃金黎明協會的成員在第一教團學到以卡巴拉為主的神祕學知識後，會於

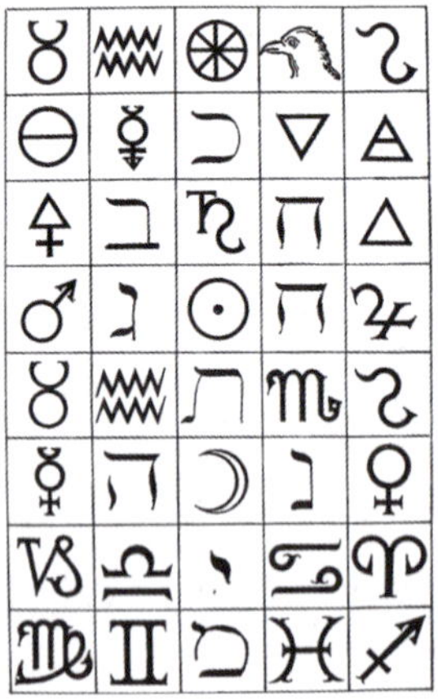

▶**地下神殿側壁上的符號表**　地下神殿的7面側壁上有著縱8行、橫5列的表格，每格中都寫著希伯來語字母（將10個字母配置成生命樹的形狀），上方畫有公牛、人、老鷹、獅子和車輪（靈氣的象徵），以及鍊金術、七大行星和黃道十二宮的符號。

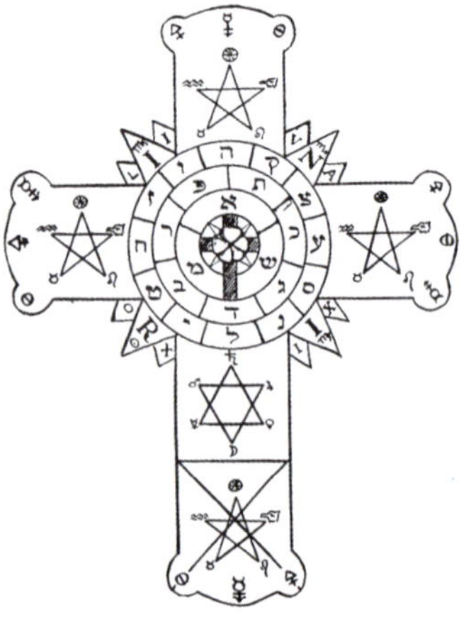

▶**玫瑰十字會的寶章（1）**

◀**玫瑰十字會的寶章（2）**

▲玫瑰十字會的寶章（3） 黃金黎明協會根據《密碼手稿》中〈導師的寶章〉製作而成。於象徵四大元素的十字架中心配置玫瑰，十字架頂部為空氣（黃色）、左側是火（紅色）、右側是水（藍色）、底部是土（白色）。十字架頂端寫有硫磺、水銀和鹽的符號，五芒星的5個角頂端也繪有象徵空氣、土、火、水、靈氣的符號。十字架底部是月下世界（即地面世界），中心描繪著另一個五芒星。位在十字架中心的玫瑰，由外而內分別有12、7、3片花瓣，代表希伯來語的單音字母、複音字母和母音字母。玫瑰中心還描繪了一個小小的玫瑰十字架，白色的神聖光芒從中心向四方散出。由威廉・巴特勒・葉慈親自製作而成。

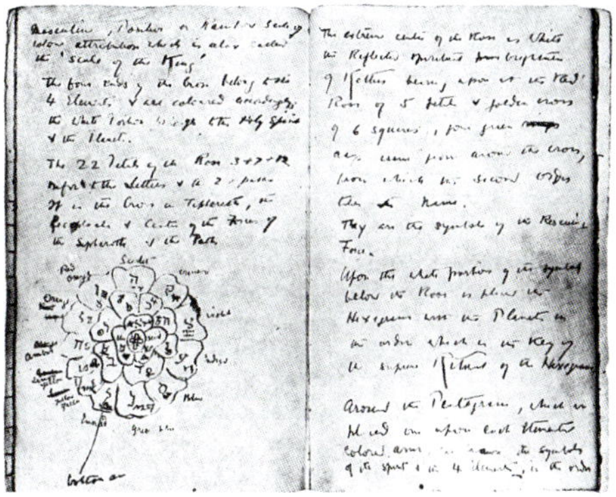

▲22瓣的玫瑰（1） 玫瑰十字會第五位階用寶章，記錄於威廉・巴特勒・葉慈的一八九三年的《筆記本》中。

▼22瓣的玫瑰（2） 取自威廉・巴特勒・葉慈的叔父喬治・普勒斯芬的《筆記本》。

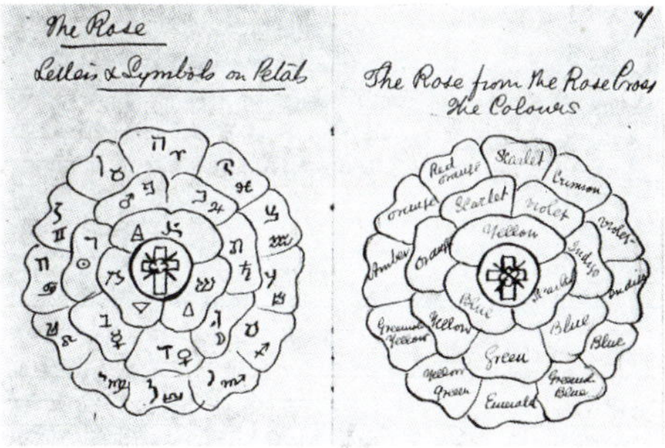

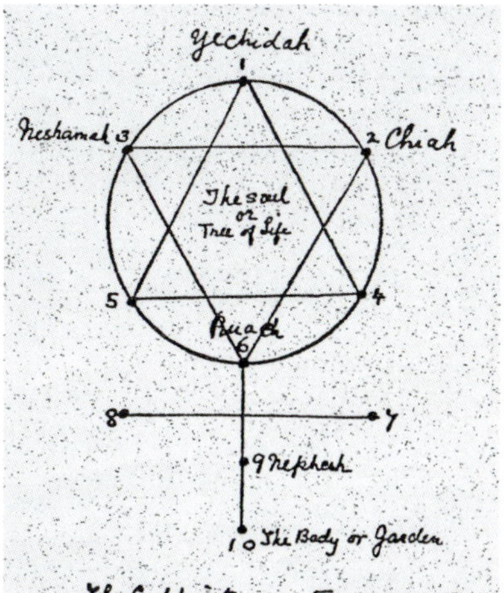

▶與高次元格尼烏斯合而為一 佛羅倫絲・法爾《象徵的魔法》一書中的插圖，揭示卡巴拉內部結構和生命樹之間的關係。1、2、3、6、9對應靈魂本源、超然靈性、靈性靈魂、意識靈魂、慾望靈魂。自願參加者在第三要點時，需集中精神於靈性靈魂上，藉此逐漸接近超然靈性和靈魂本源。1～6形成六芒星，中央為「靈魂或生命之樹」，底下的10為「肉體或花園」。將靈性靈魂分成靈魂本源、超然靈性、靈性靈魂三者的想法，是根據艾薩克・邁耶（Isaac Myer）的《卡巴拉》（Kabbalah，1888年）一書。如同神智學用語與印度佛教術語的對應，如：靈魂本源（Yechida）之於自我（Atman）、超然靈性（Chayah）之於智性（Buddhi）、靈性靈魂（Neshamah）之於意（Manas），黃金黎明協會與神智學體系有不少重疊之處。

第二教團中學習魔法師技法，目標是與高次元格尼烏斯合而為一。

如前所述，格尼烏斯（Genius）一詞可追溯至古希臘的代蒙，指位於人類最深處的靈魂或精靈。這個西方傳統神祕學的概念於近代復興，神智學協會將其定位為「高我」。由此可看出，黃色黎明協會和神智學協會有著相同的精神理論。順帶一提，布爾沃－李頓《扎諾尼》第二卷第四章中，格尼烏斯以奧戈伊德（Augoeides）的形式出現，為精神最深處閃耀的靈性。

總而言之，黃金黎明協會所追求的目標，正是與這個象徵著生命與光明的高次元格尼烏斯合而為一。在中世紀與文藝復興時期的魔法領域中，大家一直相信諸如精靈、邪靈等是外在實體存在的；到19世紀末，才將之視為人類內在的心理元素，修行魔法的目標也轉為追求自我實現的課題。

一九二六年版《揭開卡巴拉的面紗》序文中，馬瑟斯夫人莫伊娜描述黃金黎明協會的教義主要是透過禮儀、儀式和講座進行傳授：「教育課程是對自然背後的智慧力量、人類的構成，以及人與神之關係的研究。教義的整體目標與宗旨，在於讓人類獲得對其高我的認識，淨化自我、強化自我、發展出所有特質與能力，最終與內在的神性之人合而為一。這個神性之人，正是神以其形象所創造的原初之人亞當・卡蒙。」

第一教團的教育課程為一系列知識講座，第二教團中則以成員之間交流體驗報告的形式進行。這些報告稱為《飛翔的卷軸》，總共發行至36號。

馬瑟斯在《飛翔的卷軸》第10號中，便提到黃金黎明協會第二教團追求「高等魔法」的目的在於淨化和提升靈性，讓高次元的神聖格尼烏斯與自己合而為一。維斯特考特也在《飛翔的卷軸》第19號中重申：「（黃金黎明協會）主要目標即發展高等魔法，意即發展我們本性的靈性面，以與荷米斯主義所稱的高次元格尼烏斯合而為一。」

《飛翔的卷軸》第5號刊載的〈關於想像力的研究〉中，作者愛德華・貝里奇醫生（Edward Berridge，教團名稱為Resurgam「我將再次崛起」）則說了想像力和意志在魔法中扮演極為重要的角色：「尚未參與祕儀者對於想像力（心理意象）的理解，多半認為是隨意浮現於腦中、不可能存在於現實中的事物。然而，想像力是確實存在的。當人進行想像時，實際上是在星界、甚至更高層的領域中創造出某一形體。對於智慧生命體來說，這個形體正如我們所見的世界般具體且客觀。若要實踐魔法，必須同時啟動想像力與意志；而且要想達成最大效果，最好以想像力優先。當兩者結合——想像力創造出心理意象，再由意志支配並運用——就能產生驚人的魔法效果。」

修行魔法時以想像力和意志為基礎，是包含維斯特考特、馬瑟斯、葉慈、克勞利在內，所有黃金黎明協會成員的共同信念。

第五章 市井小民的魔法

I 女性魔法師

如前所述，黃金黎明協會的特徵之一是有許多女性成員，與其有盟友關係的神智學協會也是如此，如：創始人布拉瓦茨基夫人、繼任者安妮・貝贊特、美國神智學協會代表凱瑟琳・廷莉（Katherine Tingley）等。女性與神祕學之間的關係也可從神智學源流——唯靈論中看出端倪，大多數靈媒都是女性。著名的靈媒包括福克斯三姊妹中的凱特（Catherine Fox）和瑪格麗特（Margaretta Fox）、埃瑪・哈丁・布里滕（Emma Hardinge Britten）、佛羅倫絲・庫克（Florence Cook）、海頓夫人（Lady Haden）、歐莎皮亞・帕拉迪諾（Eusapia Palladino）、柯拉・里奇蒙（Cola Richmond）等人。

此外，在黃金黎明協會中，雖為虛構人物，但維斯特考特視為德國教團首席導師的安娜・施普倫格爾，以及其原型的荷米斯協會的安娜・金斯福德，也都是女性。莫伊娜・馬瑟斯、安妮・霍尼曼、佛羅倫絲・法爾、茉德・岡和迪翁・福春（Dion Fortune）等黃金黎明協會成員，也都十分活躍。本章要來看看，莫伊娜・馬瑟斯、安妮・霍尼曼和佛羅倫絲・法爾這三個人，在黃金黎明協會的發展中扮演了什麼重要角色。

《1》莫伊娜・馬瑟斯

生平

一八六五年，米娜・柏格森出生於瑞士的日內瓦。她的父親是波蘭裔猶太人，母親是愛爾蘭裔猶太人。父親以教授優秀的鋼琴琴藝為生，並從事作曲。米娜是家中7個兄弟姊妹中的第四個孩子，長兄亨利年長她5歲，主張以直覺主義為基礎的「時間綿延性（time-duration）」，為著名的法國哲

◀**伊西斯儀式中的麥克逵格・馬瑟斯**　馬瑟斯身穿伊西斯儀式大祭司拉美西斯的服裝，左手拿著西斯特爾叉鈴，右手拿著蓮花（＝玫瑰）。

▶伊西斯儀式中的莫伊娜・馬瑟斯　身穿伊西斯儀式女大祭司阿娜莉服裝的莫伊娜（右）和馬瑟斯（左）。兩人在巴黎的住家同時作為神殿，前廳裡裝飾著莫伊娜繪製的埃及諸神（奈芙蒂斯、歐西里斯等）畫像。

學家。猶太家庭重視長子，因此柏格森一家於一八七三年搬到倫敦時，聰明的亨利仍獨留巴黎接受教育。一八八〇年，米娜入學倫敦的斯萊德美術學院，在繪畫領域嶄露頭角。不僅如此，家庭環境影響下她的英語和法語都如同母語，德語也說得十分流利，堪稱才女。一八八二年，她在斯萊德美術學院認識了安妮・霍尼曼，兩人成為終生的摯友。一八八六年，她完成學業後，繼續

▶史坦尼斯拿斯・德・古埃塔侯爵　於黃金黎明協會設立的一八八八年，同時成立了玫瑰十字卡巴拉教團。身為最高導師，繼李維之後引領著法國的神祕學。

到大英博物館學習，特別鑽研埃及藝術。一八八七年，她便在大英博物館裡與馬瑟斯發生了命運般的邂逅。

一八八八年三月，伊西斯烏拉尼亞神殿成立時，除了一群創始人之外，米娜也成為最初的成員。她的教團名稱是Vestigia Nulla Retrorsum（此後不留任何痕跡）。一八九〇年六月十六日，米娜與麥克逵格・馬瑟斯結婚。她在婚後將名字改為凱爾特風格的莫伊娜，並以黃金黎明協會女祭司的身分邁出新的一步。莫伊娜不僅有繪畫才能，還具備透視能力，擔任馬瑟斯的得力助手。

搬到巴黎的原因

一八九二年，馬瑟斯決定前往巴黎的原因，表面上是受黃金黎明協會的祕密首席導師指示，但真正的原因並非如此。著名的李維出身的法國，是19世紀近代魔法的發源地，許多珍貴的魔法典籍都沉睡於當地的巴黎國家圖書館、阿瑟納爾圖書館等地。此外，對馬瑟斯來說最重要的一點是巴黎的生活費比倫敦低廉。

在法國，自李維的《高等魔法的教義與儀式》出版之後，史坦尼斯拿斯・德・古埃塔（Stanislas de Guaita）侯爵、法國小說家約瑟芬・佩拉當（Joséphin Péladan）等人共同建立了高等魔法的傳統。一八八八年，玫瑰十字卡巴拉教團也與黃金黎明協會同年設立。玫瑰十字卡巴拉教團主要除了研究神祕學經典，還會透過冥想與神交流。成員需經由考試，逐步晉升為學士、副博士、博士這3個位階，考試內容與黃金黎明協會多有重疊，諸如西方神祕學

歷史、希伯來語字母等等。組織中的12名成員會組成最高理事會，負責管理玫瑰十字卡巴拉教團，但其中有6人無人知曉是誰，這點也和黃金黎明協會的「祕密首席導師」定位相同。後來包括巴布斯（Papus，本名為傑勒爾・昂柯斯〔Gérard Encausse〕）和弗朗索瓦・夏爾・巴爾雷（François Charles Barbé）等人都加入了。

巴黎的馬瑟斯夫婦

馬瑟斯夫婦在巴黎的生活和在倫敦時期一樣貧困，起初甚至沒有儀式用的房間。不久後，他們在戰神廣場附近找到合適的住所，並於一八九四年設立了黃金黎明協會在巴黎的據點——阿哈索爾神殿，還特別邀請了安妮・霍尼曼參加落成典禮。其實馬瑟斯夫婦在巴黎的所有生活費都由霍尼曼提供，這也是為了表達謝意。

如同伊西斯烏拉尼亞神殿中的烏拉尼亞（Urania）是希臘女神阿芙羅黛蒂（羅馬神話中的維納斯）的別稱，阿哈索爾中的哈索爾（Hathor）也是這位女神的埃及名字。在舉行入會儀式用的神殿前廳裡，便裝飾著莫伊娜繪製的埃及諸神（奈芙蒂斯、歐西里斯、荷魯斯）的畫像，營造出古代伊西斯儀式場所的氛圍。馬瑟斯來到巴黎後，仍然繼續擔任倫敦伊西斯烏拉尼亞神殿的首席導師，但是由於他無法頻繁往返兩地參與入會儀式，因此實際上是由佛羅倫絲・法爾擔任其代理人。

▲《亞伯拉梅林之書》的封面插畫　由莫伊娜設計。中央右側留著長鬍子的人物即賢者亞伯拉梅林，樣子酷似馬瑟斯；頂部有5位天使守護著；中央到底部有7個邪靈以抄本（知識）、寶石（財富）、小盒子（神祕）正在誘惑著亞伯拉梅林。

另一方面，為了招待從倫敦遠來的客人（如：葉慈、茉德・岡等），為他們安排住宿與膳食，馬瑟斯和莫伊娜不得不騰出許多時間。當時有不少婦女為了享受巴黎都會生活，會住在雇主家中以煮飯或洗衣等家事來充當房租，馬瑟斯夫婦也雇用了這樣的婦女，以便招待遠道而來的客人。此外，那時的主要交通工具是火車，在巴黎市內觀光時，若不搭乘昂貴的馬車，就只能步行或騎腳踏車。

這個時期，莫伊娜暱稱馬瑟斯為「贊（Zan）」，這是布爾沃－李頓《扎諾尼》中主角的簡稱，在迦勒底語中意指「太陽」。馬瑟斯自稱擁有蘇格蘭血統，並以「格倫斯特里伯爵麥克達格」為名。他常穿著蘇格蘭高地人的服裝、佩戴劍，騎著腳踏車在巴黎街頭穿梭。葉慈在其《自傳》中，曾回憶在戰神廣場附近和莫札特大道的馬瑟斯家受到熱情款待的事，並描述了馬瑟斯在巴黎的生活情景。早餐時間，馬瑟斯會朗讀賀拉斯（Quintus Horatius Flaccus）的詩，或麥克弗森（James Macpherson）的《奧西安》（Ossian）；晚上則穿上蘇格蘭高地人的服裝跳劍舞；每個星期日都會舉行降靈會。曾經有一天傍晚，馬瑟斯夫婦和葉慈下西洋棋，葉慈和莫伊娜一組，馬瑟斯則召喚出「精靈」作為自己的隊友。

《亞伯拉梅林之書》

一八九六年，安妮不再金援馬瑟斯夫婦。經濟困頓下，馬瑟斯將《亞伯拉梅林之書》（The Book of Abramelin）翻譯成英文。這本書主張立志成為魔法師的人，只要花數月的時間專注於祈禱、虔誠生活，就能與自身的「神聖守護天使」建立直接聯繫，無需透過精靈等中介者，這個劃時代的論點開展了魔法的可能性。《亞伯拉梅林之書》的封面插畫由莫伊娜設計，中央右側留著長鬍子的人物即賢者亞伯拉梅林（＝馬瑟斯），其右手拿著權杖、左手握著劍柄。頂部有5位天使守護著他，中央至下方則有7位邪靈正試圖誘惑他。然而，這本書的銷量不如預期，單靠版稅根本無法維持過往的生活水準。

於是，馬瑟斯夫婦展開了另一項計畫——復興埃及的神祕儀式。一八九九年三月，他們在巴黎La Bodinière劇院舉行收費公開的伊西斯儀式。馬瑟斯負責扮演大祭司拉美西斯，身穿一襲白色

▲1912年的霍尼曼博物館　霍尼曼博物館位於倫敦南部閑靜的住宅區森林山，外觀至今沒什麼變化。

▲霍尼曼家族　經營霍尼曼茶葉貿易公司的弗雷德里克·霍尼曼的全家福。安妮（最左邊）是家中長女，公司由弟弟埃姆斯利（Emslie Horniman，最右邊）繼承。

◀2012年的霍尼曼博物館　霍尼曼博物館現在仍位於距離倫敦橋站約15分鐘火車車程的地方。館內收藏數百種古代樂器之餘，博物館附屬的廣闊英式庭園也經過精心設計和管理，可以眺望遠處的倫敦摩天大樓。

長袍，雙手各持西斯特爾叉鈴（伊西斯的樂器）和蓮花，繫上象徵黃道十二宮的腰帶；莫伊娜則飾演女大祭司阿娜莉，同樣身穿白色長袍，頭上裝飾著蓮花。演出開始，馬瑟斯在祭壇前祈禱、莫伊娜唸起召喚伊西斯的咒語，接著由年輕的巴黎女性跳起「四大元素之舞」。觀賞者揶揄馬瑟斯的法語帶有外國口音的同時，對莫伊娜的美麗無不驚嘆，公演十分成功。一九〇〇年的巴黎世界博覽會，還委託馬瑟斯設計並建造伊西斯神殿。馬瑟斯深信巴黎這座城市的創建者即為伊西斯的崇拜者，因此他設計的神殿被視為向巴黎致敬的象徵，在萬博會上也受到好評。

《2》安妮・霍尼曼

霍尼曼博物館

一八六〇年，安妮・霍尼曼出生於倫敦的森林山。她的祖父約翰・霍尼曼（John Horniman）是貴格會信徒，創立了以販售家庭用紅茶為主的霍尼曼茶葉貿易公司，並因此致富。她的父親弗雷德里克繼承了上一代留下的財富，可以自由運用，並經常以商務名義造訪遍布全世界的大英帝國海外殖民地與各國，每次旅行都會帶回當地的奇珍異寶與紅茶，這些藏品後來便成為「霍尼曼博物館」的基礎。這座博物館至今仍在運作，雖不常出現在一般旅遊指南中，但其英式花園與豐富的古樂器收藏，仍值得一遊參觀。安妮的少女時期由家庭教師進行教育，她不僅能流利使用德語與法語，也學會了義大利語。17歲時，她開始吸菸，這個習慣也伴隨了她一生。

一八七九年，她觀看了法國國家劇團「法蘭西喜劇院」在倫敦的公演，引發對戲劇的興趣。一八八一年，她在歐洲展開壯遊，在巴黎時深受印象派繪

▲年輕的安妮・霍尼曼 1890年到1896年，安妮有很長一段時間都慷慨地為莫伊娜・馬瑟斯和麥克達格・馬瑟斯夫婦提供經濟上的援助。布拉瓦茨基夫人以嗜菸聞名，安妮也從小就喜歡抽菸，抽菸在維多利亞時代一些女性之間十分流行。

▼壯年的安妮・霍尼曼 1904年，安妮金援了葉慈的戲劇活動，包括都柏林阿貝劇場的成立等等。

畫所吸引，萌生了追求藝術的志向。

一八八二年，安妮進入倫敦的斯萊德美術學院就讀，並認識了小5歲的米娜·柏格森，也就是後來的莫伊娜，為她優秀的才華和資質所吸引。

一八八四年，安妮第一次參加拜魯特的華格納音樂節。拜魯特是理察·華格納（Richard Wagner）晚年的居住地，自一八七六年《尼伯龍根的指環》（Der Ring des Nibelungen）演出之後，華格納音樂節一直延續至今。安妮每年都不會錯過這個音樂節，同時還會觀賞歐洲的前衛戲劇。她經常造訪巴黎、佛羅倫斯、羅馬和慕尼黑，當中最喜歡的城市就是慕尼黑，據說德國啤酒更是她的最愛。

一八九〇年一月，安妮加入黃金黎明協會，教團名稱為Fortiter et Recte（勇敢且公正）。她基於和莫伊娜的友誼，為馬瑟斯夫婦提供生活援助，甚至介紹馬瑟斯擔任森林山霍尼曼博物館的負責人。馬瑟斯算有固定工作的時期，就是在波恩茅斯以及霍尼曼博物館。然而，他在森林山的生活也沒有持續太久。一八九一年，馬瑟斯與安妮的父親發生口角，遭免職後又回到倫敦。安妮見莫伊娜再次陷入赤貧如洗的生活，擔心她的繪畫才能就此埋沒，於是建議她前往巴黎，甚至替她負擔了出國與住宿費等所有費用。

向馬瑟斯夫婦提供支援

一八九二年五月，馬瑟斯夫婦離開倫敦搬到巴黎。安妮負擔了他們在巴黎的費用，每年資助200英鎊。名義上是輔佐安妮繪畫進修和教團營運的費用，實際上大部分都用於馬瑟斯夫婦的日常生活開銷了。由於需要足夠的空間舉行入會儀式，馬瑟斯夫婦在巴黎租下一間相當寬敞的房子。當時，巴黎普通家庭的年收約60英鎊，因此這筆租金算是非常昂貴。以夏目漱石當年從日本文部省領取的留學費用為每年180英鎊來看，就可以想像安妮提供了多大的金援。

一八九三年八月時，安妮的祖父約翰·霍尼曼去世，她繼承了至少4萬英鎊的巨額遺產。這時的霍尼曼茶葉貿易公司，已經成長為業界中世界規模最大的企業了。安妮對馬瑟斯夫婦的金援，從一八九四年每年280英鎊，到一八九五年已增加為每年420英鎊。然而，讓安妮開始感到不安的並不是金額本身，而是馬瑟斯開始投入凱爾特復興運動等政治性活動。畢竟霍尼曼家族的資產是建立在大英帝國支配全球之上，若被牽連至反英活動將導致家族立場矛盾。尤其安妮的父親還是英國國會議員，一直支持著大英帝國的政治。

讓安妮更為困擾的契機，則是黃金黎明協會資深成員的愛德華·貝里奇醫師提出的「性魔法」概念。這種思想源於湯瑪斯·L·哈里斯（Thomas L. Harris）在紐約創立的「新生兄弟會」，以類似於瑜伽呼吸法為基礎。對維多利亞時代的女性而言，尤其是像安妮這樣敏感細膩的人來說，這種修行內容是很難接受的。於是，一八九六年七月，安妮正式通知馬瑟斯夫婦，將中止對他們的經濟支援。而作為回應，馬瑟斯於同年十二月將安妮逐出了黃金黎明協會。

此後教團內部衝突不斷，馬瑟斯也於一九〇〇年被逐出教團。然而，安妮回歸後又與佛羅倫絲·法爾的球體小組（Sphere Group）發生衝突，一九〇三年再次退出黃金黎明協會。

自一八九四年左右開始，安妮便一直在經濟上支持戲劇活動。她不僅支援了葉慈的戲劇作品《心願之國》（The Land of Heart's Desire）上演，還參與倫敦大道劇場的公演。一九〇四年，安妮創建並經營起都柏林阿貝劇場，並參與曼徹斯特歡樂劇院的重建計畫，對近代戲劇運動的發展，發揮了極其重要的推動作用。

《3》佛羅倫絲·法爾

從女演員到協會成員

與莫伊娜·馬瑟斯、安妮·霍尼曼齊名，在黃金黎明協會大放異彩的女魔法師，就是佛羅倫絲·法爾。佛羅倫絲·法爾於一八六〇年出生於英國肯特郡。父親威廉·法爾（William Farr）是農場工人的兒子，靠著刻苦自學，在倫敦與巴黎學醫，後來成為一位著名的流行病學者。他與在維多利亞時代建立近代護理學的佛羅倫絲·南丁格爾（Florence Nightingale）有過交情，便以她的名字為女兒取名，可見他一直期待佛羅倫絲未來能進入醫療領域。一八八三年，威廉·法爾去世，佛羅倫絲獲得每年50英鎊的遺產。雖然這筆金額遠遠不及安妮·霍尼曼的財力，但對

▼**佛羅倫絲·法爾**　佛羅倫絲並沒有像父親一樣進入醫療領域，而是成為女演員，步上獨立的人生。

▼**佛羅倫絲·法爾**　其父威廉·法爾憑著苦學至倫敦和巴黎學醫，成為著名流行病學者。因與維多利亞時代有名的護理師佛羅倫絲·南丁格爾有過交情，以她的名字為女兒取名。

▶**演奏古代樂器的佛羅倫絲・法爾**　演奏弦鼓（Psalterium，古代的弦樂器）的佛羅倫絲，拍攝於一九〇一年。

當時的單身女性來說，勉強還是可以維持生活。

然而，佛羅倫絲並未從醫，她在當了一段時間的教師為生後，便轉而成為一名女演員，步上獨立的人生。在維多利亞時代，女演員是少數能夠展現女性智慧與能力的職業之一。

一八八四年，佛羅倫絲與舞台劇演員愛德華・艾默里（Edward Emory）結婚，成為佛羅倫絲・法爾・艾默里。但這段婚姻生活，並非佛羅倫斯所嚮往的自由自主，反而讓她對日復一日的無聊與壓抑生活感到幻滅。一八八八年，她的丈夫愛德華遠赴美國後便未再回來，兩人實質上進入分居狀態，直到一八九五年才正式離婚。而約一八九〇年時，佛羅倫絲曾與劇作家蕭伯納（George Bernard Shaw）有過戀情。

一八九〇年五月，佛羅倫絲在約翰・陶登特（John Todhunter）的戲劇《西西里的田園詩》（A Sicilian Idyl）中登台出演。同年七月，她加入黃金黎明協會，教團名稱為Sapientia Sapienti Dono Data（智慧是賜予賢者之禮）。在眾多成員之中，她對魔法研究的熱情尤其突出。一八九一年十二月時，她比安妮・霍尼曼晚了一個月左右才加入第二教團。馬瑟斯非常信任佛羅倫絲，據說在一八九二年五月前往法國前，還將自己所知的所有魔法技巧都毫無保留地傳授給她。

埃及魔法的修行

一八九三年，維斯特考特辭去黃金黎明協會的教義負責人一職後，佛羅倫絲便取而代之成為伊西斯烏拉尼亞神殿的實質領導者。她在大英博物館等地全心投入埃及魔法研究，並於一八九六年出版《埃及魔法》（Egyptian Magic）。這本書以維斯特考特編輯的《荷米斯文集》（Hermetic Collection）叢書第八卷出版上市，由神智學出版協會出版，可見佛羅倫絲、維斯特考特與神智學的深厚關係。佛羅倫絲的著作還有自傳《舞動的法翁》（The Dancing Faun，一八九四年）。

一八九六年五月十三日，佛羅倫絲進行一場召喚塔夫塔爾塔拉斯（Taphthartharath）之靈的儀式魔法。塔夫塔爾塔拉斯即水星精靈，與掌管埃及智慧和魔法的托特神有關。參與此次實驗的成員包括：阿倫・班尼特（Alan Bennett）、弗雷德里克・L・加德納（Frederick L. Gardner）、查爾斯・羅舍（Charles Rosher）。

班尼特精通儀式魔法的操作，他以《所羅門的鑰匙》和《死者之書》（Book of the Dead）為基礎，協助設計了這場儀式的流程。班尼特先是在地板上用黃色粉筆畫出水星符號以及內有三角形的圓圈，再用魔法劍沿著圖形精確地描繪一遍。隨後，佛羅倫絲穿著托特神的服裝出現，開始唸誦咒語以召喚塔夫塔爾塔拉斯。據說塔夫塔爾塔拉斯之靈會出現在圓圈內的三角形中，但關於參與者在此次實驗中的心理體驗並沒有留下詳細紀錄。

佛羅倫絲在《埃及魔法》中寫道，魔法師是超越一切肉體、時間的永恆存在，攀升到至高境界、又可下降至最深處，深知自己無論是未誕生者、年輕者、年老者、死者，都是偉大創造鏈的一部分。從這段文字可以推測，佛羅倫絲不僅是外在扮演托特神，連內在意識都融入了塔夫塔爾塔拉斯之靈。

球體小組的成立

約一八九六年，佛羅倫絲在第二教團內部組成球體小組。黃金黎明協會當時已有許多成員，球體小組的目的是讓少數成員更緊密地團結在一起，專注於魔法修行。球體小組的運作，起初是以存在於星界的埃及魔法導師為核心，但因這位導師回歸更高次元（！）而離去，小組便轉以「聖杯」作為新的靈性象徵。

球體小組的成員共12名，男女各6人。一開始在黃金黎明協會位於布賴德斯路的總部進行實驗，後來改為各自在家中參與。每逢星期日下午，12名成員便會統一時間，在各自家中集中意識，觀想聖杯。101頁下圖的中央即為聖杯，其中心為心臟與Tiphareth，相當於生命樹的中柱；聖杯上方延伸而出的是愛之火焰，最頂端的Kether降下的光即生命靈氣；左側有一把由Binah、Geburah和Hod組成的弓。四方都有一組這樣的弓，以Tiphareth為中心形成「球體（Sphere）」。12名參與者各自占據球體上的一個位置，且內在都有生命樹。成員會穿上符合對應源體顏色的衣服，並將相同顏色的光線，投射到中心

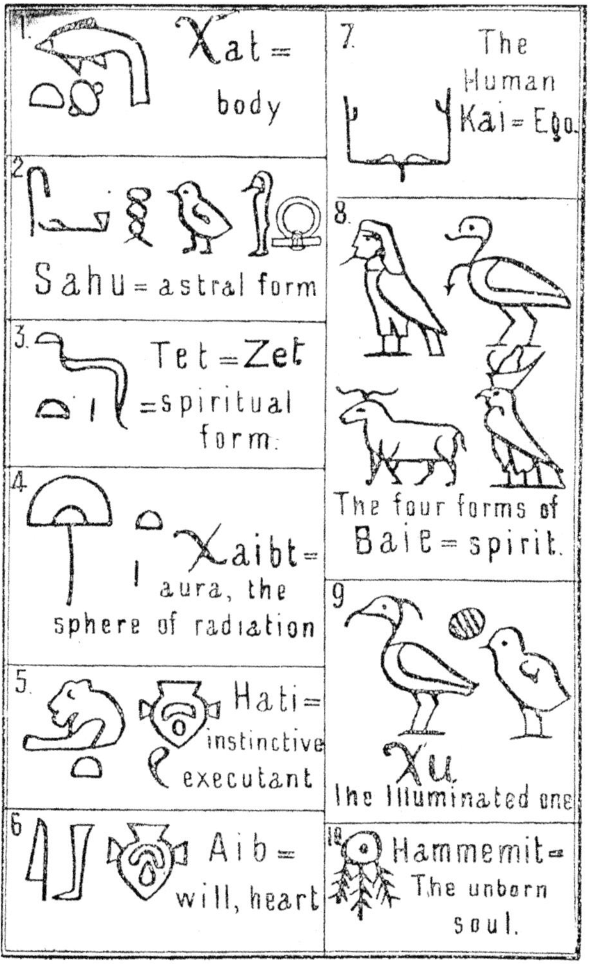

▲佛羅倫絲・法爾《埃及魔法》封面插畫　從左上開始依序圖解與人類組成有關的象形文字：（1）魚＝肉體（2）木乃伊＝星體（3）蛇＝靈魂（4）扇子＝靈氣（5）獅子上半身＝本能（6）帶柄容器＝原始意志（7）張開的雙手＝個體自我（8）人面鳥、老鷹、鷺鳥、公羊＝與神性結合的精神、靈魂（9）貝努鳥＝魔法力量（10）燦爛的陽光＝未出生的靈魂。魔法師處在「未出生的靈魂」狀態下，領悟自己是偉大創造鏈的一部分。

支柱或附近的源體上。總的來說，這場實驗的目的就是在統一時間（星期日中午12點至下午1點），讓12位處於各地的成員意識，集中於一個共同的聖杯或球體上。球體的大小會從直徑10英尺開始，擴大至整個倫敦；這時，每個源體都會變成直徑1英里大。然後，進一步擴展到整個歐洲、整個地球（Kether為北極、Malkuth為南極），乃至整個宇宙（太陽系位於中柱Tiphareth）。

一九〇〇年，黃金黎明協會出現內部分裂之際，佛羅倫絲與葉慈一同擔任了重要的領導角色。然而，一九〇二年，佛羅倫絲便退出了黃金黎明協會，並於同年加入神智學協會。一九一二年，佛羅倫絲離開倫敦、前往錫蘭（今斯里蘭卡），擔任女子學校的老師，但一九一七年便因乳癌逝世。佛羅倫絲的一生，可說完美體現了維多利亞時代後期的「新女性」精神。

塔特瓦卡牌的星光靈視

塔特瓦靈視為黃金黎明協會成員修行的魔法技法之一，原本刊載在拉馬·普拉薩德（Rama Prasad）的神智學書《自然的細微力量》（The Subtle Energy of Natural Forces）中，運用結合顏色和幾何圖形的塔特瓦卡牌，進行幻視體驗。塔特瓦（Tattva）在梵語中，意指存在於自然界中的精微原理。塔特瓦卡牌共25張，由以下5種概念組合描繪而成：伐由（Vayu，象徵空氣，藍色圓形）、阿帕斯（Apas，象徵水，銀色新月）、頗哩提毗（Prithvi，象徵土，黃色四方形）、泰哈斯（Tejas，象徵火，紅色三角形）、阿卡夏（Akasha，象徵天空或以太，藏青色橢圓形）。操作者會從中挑選一張作為入口（gateway），將意識集中於圖形和色彩上，幻視世界即會從潛意識浮現。

此外，塔特瓦靈視也稱作星界靈視（Astral vision）或凝視占卜（Scrying），深受黃金黎明協會的女性成員喜愛。這是一種穿越異界的旅程，莫伊娜、佛羅倫絲·法爾、安妮·霍尼曼等人都有留下相關的實驗紀錄。

莫伊娜·馬瑟斯所做的實驗中，使用了泰哈斯–阿卡夏卡牌（紅色三角形中有藏青色橢圓形）。她穿上儀式用服裝，以香料、聖水、五芒星儀式淨化儀式房。她將視覺從外部世界集中到內部世界，為了強化對火的幻視，還用象徵火的權杖畫出火之五芒星。接著，她進一步集中意識於泰哈斯–阿卡夏卡牌，卡牌圖像開始充滿整個房間。莫伊娜將自己投入於擴大的三角形中，封閉的入口隨之打開，展現出另一個世界。

這個世界是一片炎熱乾燥的沙漠。莫伊娜用顫抖的聲音逐字唸誦6次神名「以羅欣」後，生命樹頂點的Kether放射出一道閃耀的白光，進入她相當於Tiphareth的心臟。當莫伊娜集中精神想像著以羅欣的樣貌，並不斷重複唸誦神名，全身便感覺充滿了力量。她飛向遠處可見的金字塔，唸誦與火、以太相關之名後，金字塔入口處出現了類似士兵的人物，告知她即將舉行入會儀式。莫伊娜隨即進入金字塔內部，和火精靈對話。之後，她的意識從星界下降、回到儀式房，結束這場星界幻視。

進行星界幻視時，不一定要用塔特瓦卡牌。操作熟練之後，可進一步使用塔羅牌的大阿爾克那等更複雜的象徵符號，佛羅倫絲·法爾就曾以塔羅牌中的「女皇」為媒介（參照113頁）。異世界之旅實驗常由多人進行，而佛羅倫絲通常會與另一位成員——伊萊恩·辛普森（Elaine Simpson）兩人共同進行，實驗地點也是儀式房。

幻視的開始，是一幅如中古掛毯般的景象。穿越雲層後，便會看到一座光輝籠罩下的哥德式教堂。從教堂來到庭園後，兩人遇見了身穿綠衣、頭戴繁星王冠的女神伊西斯。她右手持有頂端為白蓮花的金杖，左手握有帶有十字架標誌的圓球。伊西斯引領兩人登上塔樓，塔上有一只象徵「愛」的聖杯在陽光下閃耀。聖杯上有心臟的圖樣，杯中盛著紅色液體。伊西斯說，這是她將自己的心獻給世人的象徵。伊西斯與聖杯合而為一，人類的希望便是要效法伊西斯這種自我犧牲的精神。兩人將自己的心奉獻給伊西斯，並從她那裡獲得了力量與勇氣。

▲塔特瓦幻視　塔特瓦共有5類：伐由（象徵空氣、藍色圓形）、阿帕斯（象徵水、銀色新月）、頗哩提毗（象徵土、黃色四方形）、泰哈斯（象徵火、紅色三角形）、阿卡夏（象徵天空或以太、藏青色橢圓形）。將之組合描繪而成的25張牌，可作為通往幻視世界的入口。

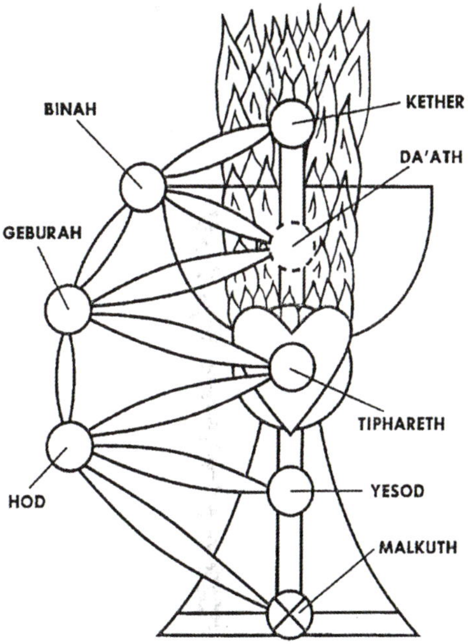

▶球狀排列的源體　約1896年，佛羅倫絲於第二教團內部組成球體小組。這個小組會進行聖杯實驗，少數成員聚在一起，透過集中意識來產生共同幻覺。

漱石與熊楠的倫敦

大英帝國不僅在政治、經濟、軍事方面位居世界領先地位，甚至在文化與藝術層面也是明治維新剛結束的日本所視為首要學習的典範。

從一九〇〇年受日本文部省派遣至倫敦的夏目漱石開始，許多由明治政府派遣的日本留學生，大多以英國或德國為目標。漱石在英國留學2年多，留學經費為每年1800圓。以當時匯率10圓兌1英鎊來換算，相當於1年180英鎊。這筆費用不算高，但畢竟是由公費支付。相比之下，安妮・霍尼曼從一八九一年至一八九六年私人資助馬瑟斯夫婦的金額（詳見96頁），其規模之大令人印象深刻。據說漱石在前往倫敦途中，曾經順道造訪巴黎，並參觀當時正在舉辦的世界博覽會。不禁令人好奇，他是否也有機會看到馬瑟斯主持的「伊西斯神殿」。不過，漱石赴倫敦留學的目的是為了進行英語研究，顯然並未將近代魔法視為課題。

與漱石同時期前往英國的還有南方熊楠。一八八六年，熊楠從橫濱啟程前往美國，採集黏菌等植物標本並進行研究。一八九二年九月，他前往倫敦並在大英博物館研究植物學，直到8年後的一九〇〇年十月才返回故鄉和歌山。值得注意的是，熊楠待在倫敦的期間，正處於黃金黎明協會最鼎盛的時期。不過，他忙於植物學研究，想必沒時間涉獵倫敦當時流行的神祕學領域；加上黃金黎明協會一直是祕密活動，可能也沒什麼機會接觸或親眼目睹。

話雖如此，他對於公開活動的神智學協會與心靈研究協會，應該有相當程度的關心。一八九三年十二月，他從倫敦寄給土宜法龍的書信中寫道：「神祕學並不值得尊崇。」「日本也有巫覡，但讀書人不會將其視為正道。」他冷靜地批判：「我曾與這些人有些接觸，也稍微學過他們的技法，但大多數（我所知的十之八九）都是欺騙愚夫愚婦的手法，行此之人也是在自我欺騙。他們使用的各種手法就像魔術表演，或者只是碰巧而已。」他還特別指出：「他們常借用佛教語言。」由此可推測他所批判的對象是神智學信徒。

明治時期前往英國的日本留學生，大多原封不動地接收大英帝國的政治、經濟、軍事領域，而選擇性地吸收受人高度評價的文化和藝術領域。相對地，南方熊楠則是敏銳地察覺到倫敦當時流行的神祕學有其侷限性。即便如此，他對唯靈論的興趣並未消失。一九〇三年，心靈研究協會的領袖弗雷德里克・邁爾斯（Frederick Myers）所著《人格與其死後存在》（Human Personality and its Survival of Bodily Death）出版的二冊價格高達21圓，他仍立即訂購了。

另一方面，芥川龍之介雖然從未去過倫敦，但他於一九一九年發表的短篇小說《龍》，卻讓人聯想到魔法原理（柯林・威爾森〔Colin Wilson〕在《神祕學》（The Occult）中介紹過這篇短篇小說）。

《龍》取材自《宇治拾遺物語》所載的〈藏人得業與猿澤池之龍的故事〉，從中可理解魔法現象的本質。故事描述奈良的法師——藏人得業惠印，為了報復人們總是嘲笑他的大鼻子，於是在猿澤池畔立一塊告示牌，寫著「三月三日，將有龍從此池升天」。惠印當然知道，龍這種生物只存在於想像世界。這個牌子迅速引起話題，到了三月三日當天，連鄰近國家的人都前來池邊圍觀。大家屏息等待龍神出現，但什麼都沒發生。然而，不久之後突然起風，原本晴朗的天空暗了下來，雷電交加、大雨傾盆而下。惠印眼中，彷彿隱約看到閃耀金色爪子、身長十丈的黑龍，在水煙雲霧間直衝天際。事後，眾多圍觀者都聲稱「看見了黑龍升天的樣子」。惠印雖然坦誠這只是自己的惡作劇，卻沒有一個人相信。

惠印並沒有實際施展魔法（作者芥川也沒有意識到魔

法），但這個故事極好地說明了魔法現象的本質——這是一種眾人共同期待與心理暗示下所產生的集體幻想。客觀來說，這只是一場春季的暴風雨或龍捲風；然而，對身歷其境的人們而言，「黑龍升天」卻成為無可動搖的「事實」。

Ⅱ 威廉・巴特勒・葉慈的魔法

《1》與魔法師馬瑟斯的相識

黃金黎明協會成員中有一位特別獨放異彩的人物，那就是愛爾蘭的詩人暨劇作家——威廉・巴特勒・葉慈。一九二二年，愛爾蘭自由邦成立之際，葉慈便擔任參議員；一九二三年，葉慈還榮獲了諾貝爾文學獎。這樣一位傑出的人物是如何理解黃金黎明協會的魔法，無疑是個十分有趣的問題。

葉慈從年輕時就關注詩歌與魔法。與大英帝國世俗化的文明相對，愛爾蘭是依然保有靈性的「神聖之島」。其中，魔法作為全新力量，被認為能從根本上改造墮落的盎格魯－撒克遜文

◀**威廉・巴特勒・葉慈的肖像畫（一八八九年）** 葉慈從年輕時就對詩歌和魔法感興趣，一八八五年和朋友查爾斯・約翰斯頓及喬治・羅素（AE）一起組成都柏林的荷米斯協會，並於一八八七年相繼加入布拉瓦茨基夫人的神智學協會、一八九〇年加入黃金黎明協會。

化。葉慈正式開始對魔法感興趣，是從一八八五年他和朋友查爾斯・約翰斯頓（Charles Johnston）、喬治・羅素（George Russell，筆名ＡＥ）一起組成都柏林的荷米斯協會之時。他對魔法的興趣，還擴展到神祕主義和印度宗教。

一八八七年，葉慈一家從都柏林搬到倫敦。經由約翰斯頓介紹，他認識了布拉瓦茨基夫人，並於一八八八年加入神智學協會的祕教部門。葉慈身為詩人，需要透過幻視激發靈感，因此不斷嘗試進行魔法實驗。然而，布拉瓦茨基夫人不太認同儀式魔法而對葉慈提出勸告，他便於一八九〇年退出協會。大約在這個時期，葉慈加入了黃金黎明協會，並認識了命運女子——茉德・岡。

一八九〇年三月七日，葉慈加入黃金黎明協會，其教團名稱為Demon est Deus Inversus（惡魔是顛倒之神）。這個標語引用自布拉瓦茨基夫人《奧祕的信條》第一卷第二部第十一章，可見他退出神智學協會後，仍對布拉瓦茨基夫人充滿敬意。一八九三年一月二十日，葉慈接受入門位階和第五位階（第一要點）的入會儀式，隔日的二十一日又接受第五位階（第二、第三要點）的入會儀式。舉行儀式的房間就位於大波特蘭街以東的克利普斯通街一棟住宅內。一八九三年六月至九月間，葉慈每個月都會造訪這裡10次左右。

在黃金黎明協會，葉慈學到了魔法象徵與卡巴拉的重要性。馬瑟斯的《揭開卡巴拉的面紗》更是成為葉慈理解卡巴拉系統的必讀經典，而馬瑟斯本人則成為他心中理想的魔法師形象。葉慈在《自傳》中證言，馬瑟斯讓他相信，魔法的心理意象會在比意識與潛意識更深層的源泉湧出，浮現於心靈之眼前方。葉慈也提及曾將具有象徵意義、色彩豐富的幾何圖形（即塔特瓦卡牌）貼於額頭上，體驗星界幻視，看到了沙漠與黑泰坦（巨人）。根據馬瑟斯的解釋，這

▲茉德・岡　被譽為當代美女的女演員茉德・岡，於1891年加入黃金黎明協會，但很快便退出了。

個幻象是基於泰哈斯（象徵火）所產生的火蜥蜴「沙羅曼達（Salamander，一種能在火中生存的虛構生物）」。葉慈著名的《再來》（The Second Coming）一詩中，就呈現了這般神奇的心理意象：沙漠的某處有一頭獅身人面怪，如太陽般空洞而無情地凝視著。有人認為，其靈感正是來自30多年前塔特瓦幻視中出現的沙漠與泰坦。

對葉慈而言，魔法與詩歌是一體兩面的事物，同樣是展現想像力的行為。一八九一年，葉慈為了創作新的文學，與一群年輕詩人組成詩人俱樂部（Rhymer's Club）。聚會地點就位在倫敦弗利特街上著名的小酒館「老柴郡起司（Ye Olde Cheshire Cheese）」，成員包括萊昂內爾·約翰遜（Lionel Johnson）、歐內斯特·道森（Ernest Dowson）、亞瑟·西蒙斯（Arthur Symons）等，他們總是一邊喝著葡萄酒一邊朗讀和討論詩歌。一八九二年，葉慈在寫給友人的信中，曾如此聊到自己與魔法之間的關係：「如果我不持續研究魔法，可能連布雷克研究的一個字都寫不出來，《凱瑟琳女伯爵》（The Countess Cathleen）這部作品也不會誕生。神祕主義者的生活，就是我所做、所思、所寫的一切核心。」

葉慈積極參與神智學協會和黃金黎明協會的期間，正埋首於浪漫主義詩人威廉·布雷克著作的編纂工作。共同編輯者還有他父親的朋友埃德溫·艾利斯（Edwin Ellis）畫家，並於一八九三年出版了全三卷的《威廉·布雷克著作集》（The Works of William Blake）。正如馬瑟斯是葉慈心中理想的魔法師，能透過詩歌與繪畫直接呈現幻視世界的布雷克，對於年輕的葉慈而言便是最崇高的詩人兼藝術家。

▲1902年的茉德·岡　茉德·岡是葉慈理想中的女性，兩人一見鍾情，但葉慈的求婚並未成功。儘管如此，在愛爾蘭戲劇運動下，兩人之間的友誼從未間斷。這張照片是茉德·岡在葉慈的《胡拉洪之女凱瑟琳》（Cathleen ni Houlihan）劇中扮演凱瑟琳時所拍攝的。

《2》鍊金術玫瑰會

葉慈所有與魔法相關的作品中，短篇小說〈鍊金術玫瑰〉（The Alchemist's Rose）最能清楚展現他對魔法的思考方式。〈鍊金術玫瑰〉寫於一八九六年至一八九七年，收錄並發表於一八九七年出版的《神祕玫瑰》（The Secret Rose）一書中。其故事內容，基本上是葉慈在黃金黎明協會中的親身經歷。

〈鍊金術玫瑰〉的故事主軸，即敘述者的藝術家「我」與魔法師邁克爾・羅伯茲（Michael Roberts）之間，對於是否要加入「鍊金術玫瑰會」而產生的掙扎。書中的第一人稱顯然代表作者葉慈，邁克爾・羅伯茲則是以馬瑟斯為原型；兩人的衝突象徵著葉慈心中的兩個面向；鍊金術玫瑰會則應是暗喻黃金黎明協會。

主角隱居在都柏林老城區的一棟房子裡，面對著鍊金術設備（蒸餾器及熔爐等），沉浸於「將疲憊的心靈轉化為永不衰敗的靈魂」這樣的鍊金術夢想中。然而，他尚未到達「奇蹟般忘我」的境域。就在這時，10年前曾與他邂逅、之後便音訊全無的鍊金術玫瑰會導師——邁克爾・羅伯茲突然來訪，目的是詢問他是否有意加入鍊金術玫瑰會。

邁克爾在巴黎時也問過相同問題，但當時主角拒絕了。於是，兩人一同前往鍊金術玫瑰會的教堂。主角被帶到教堂的圖書室時，注意到莫里厄努斯（Morienus）、阿維森納、拉蒙・柳利（Raymundus Lullus）、尼古拉・弗拉梅爾等人所寫的鍊金術書籍，其中還有威廉・布雷克《預言集》的復刻版。此

▲約1900年的倫敦弗利特街　1891年，葉慈組成詩人俱樂部，聚會地點就在弗利特街上著名的小酒館「老柴郡起司」（左側可以看見招牌）。成員包括萊昂內爾・約翰遜、歐內斯特・道森、亞瑟・西蒙斯等人，他們總是邊喝著葡萄酒邊朗讀和討論詩歌。這是夏目漱石和南方熊楠等人見到的倫敦景色。

▲**《神秘的玫瑰》的封面**　葉慈於1897年出版的散文集《神秘的玫瑰》封面設計。樹枝圍繞著中心的玫瑰，頂部的3朵玫瑰代表3個源體：Kether、Cochmah、Binah。

時，一名女子拿著裝有一本書的青銅盒子現身。書中的內容是以所羅門・特里斯莫辛（Solomon Trismosin）的鍊金術名著《太陽的光輝》（Splendor Solis）為範本，述說6位凱爾特學徒解開鍊金術奧祕，並創設鍊金術玫瑰會的傳說。

鍊金術玫瑰會對鍊金術的定義如下：不斷蒸餾靈魂核心，直到褪去現世外衣、穿上不死衣裳為止。其教義的根本思想認為，思考（或想像）本身即是真實存在，意即思考或想像出來的事物具有獨立實體性。與此相關的，葉慈在文中使用了一個特殊概念「情感（Mood）」。這個詞通常用來意指心情、氣氛或感覺等，葉慈卻在此賦予了類似格尼烏斯或代蒙之意。對葉慈而言，魔法師和藝術家都能召喚出人們稱作情感之物，意即不具備肉體的靈魂。情感無論神聖或邪惡，都會像微弱的嘆息般降臨到人心，改變人的思想和行為。從葉慈以日常用語「情感」來重新詮釋傳統魔法，可見近代魔法一直試圖與日常語言接軌的特徵。

主角進入鍊金術玫瑰會的教堂後，參加了一場載歌載舞的入會儀式。圓形儀式房的天花板上有著巨大的馬賽克玫瑰，綠石鋪成的地板上則畫有掛在白色十字架上的蒼白基督。主角在幻想中與「永生女子」隨著古老旋律似的樂曲起舞，舞蹈的軌跡彷彿在地板重現了天花板上的玫瑰形狀。與此同時，主角領悟到一件事：懷抱著高尚的愛，人就能透過無限的憐憫、無法言喻的信任、無窮的同感，真正理解愛。

到這個階段，讀者才會知道主角參加的入會儀式是一場幻覺。主角清醒回到現實世界後，會發現自己正面臨化為暴徒的漁民和婦女，他們怒罵著發動攻擊，主角驚恐地逃離教堂。故事結尾是主角將玫瑰念珠戴於脖子上的場景，代表他沒有加入鍊金術玫瑰會，而是選擇信奉天主教。不過，這並不代表葉慈真正皈依了天主教，而是表現出他內心某部分的情感傾向。現實中的葉慈於一八九〇年加入黃金黎明協會，不斷地研究並實踐魔法；儘管歷經波折，仍是在教團待了30年以上，直到一九二三年才離開。

《3》集體幻想魔法

葉慈於一九〇一年創作了〈魔法論〉，收錄並發表於一九〇三年出版的《善惡的觀念》（Ideas of Good and Evil）一書中。他於該篇表明自己是魔法信徒的同時，從正面探討了何謂魔法。葉慈認為的魔法有個前提：個人記憶與他人記憶交錯下會形成單一心靈，故存在著超越個人的偉大記憶；而這些可以透過符號召喚出來。

〈魔法論〉有段插曲就是在舉例證明此原理。主角「我」和朋友結伴，拜訪一位住在倫敦近郊、會召喚精靈的人。「我」是葉慈本人、倫敦近郊是森林山、會召喚精靈的人（編註：以下以召喚師代稱）則是馬瑟斯，故事發生在一八九〇年左右。召喚師站在狹長房間盡頭的檯子上，主角和朋友位於房間中央，召喚師美麗的妻子（即莫伊娜・馬瑟斯）站在雙方中間。召喚師手握木製權杖，朝寫有許多數字的方格盤面唸誦咒語，主角內心隨即浮現充滿生命力的魔法心理意象。這個心理意象源自主角一位熟人的過去記憶，但只有主角、召喚師和其妻子能看到，當事人是無法察覺的。只見召喚出的人物進入一處地下室，裡頭擺滿了蒸餾器等鍊金術設備，看樣子正在試圖製造人造人，但最終以失敗告終。後來主角去詢問這位熟人，對方竟表示：「我長年夢見自己以這種方式在製造人造人。」

從這段故事，可以窺見馬瑟斯夫婦於一八九〇年左右所實踐的部分魔法。值得注意的是，用於召喚精靈的數字方格盤其實與以諾魔法有關。黃金黎明協會第二教團的第五位階成員所修行的魔法中，就包括以諾魔法。這是迪伊在凱利協助下創造的魔法，運用寫有以諾字母和數字的字母表來與天使溝通（參照32頁）。馬瑟斯以此為基礎，設計出一種新的字母表用來召喚四大元素精靈，並實際用來舉行產生魔法心理意象的儀式。這個例子完全展示了魔法實踐的本質：透過受過訓練的多數人集中想像力與意志力，可以共同創造出一個幻象，此為一種「集體幻想」。

大約與〈魔法論〉同一時期，葉慈為黃金黎明協會第二教團成員寫了一篇文章——〈紅玫瑰黃金十字會是否該作為魔法教團繼續存在？〉（一九〇一年）。這篇文章沒有收錄於《飛翔的卷軸》中，卻總結了葉慈對教團魔法的看法。葉慈首先主張，紅玫瑰黃金十字會應該像過去一樣，繼續作為統一的魔法教團存在。他強調要遵守教團規則、重視位階制度、以考試晉升位階、向最高位階的導師表示敬意，並認為在基督聖體聖血節掛十字架宣誓極其重要。而要晉升到教團中的高位階，就必須秉持著「至高生命」確實存在的信念。從最下位的位階晉升到最高位階，即為向著至高生命——「光」邁進的過程。從下位晉升到上位稱作「蛇之上昇」；從上位下降到下位則稱為「閃電之光」。

黃金黎明協會之所以不同於一般魔法研究團體，正是因為這套位階制度本身是具有生命力的「真實存在」。具體而言，葉慈認為教團並不僅是人們聚集而成的組織，而是由所有成員的「高次元格尼烏斯」所集結而成的「神祕共同體」，因此具有生命力。他堅信，個體透過修練魔法來融解物質性、達到靈性高度所形成的組織即為教團，當集中許多人的內在力量，便能改變現實世界。

III 黃金黎明協會的終焉

《1》走向解散的契機

一八九六年，馬瑟斯將安妮·霍尼曼從教團中除名後，黃金黎明協會隨即迅速衰敗。一八九七年，維斯特考特遭當局指出不可兼任公職驗屍官與教團幹部，只好退出黃金黎明協會。一八九九年十月，馬瑟斯寄信想與安妮和解，安妮的態度卻不為所動。一九〇〇年一月十二日，佛羅倫絲·法爾表示想辭去伊西斯烏拉尼亞神殿首席導師（馬瑟斯代理人）一職。然而，同年二月十六日，馬瑟斯不僅不接受佛羅倫絲的請辭，還拋出了震撼性的指控——與施普倫格爾之間的往來書信都是維斯特考特偽造的（需要注意的是，馬瑟斯並沒有提到《密碼手稿》是偽造文書，這仍然是黃金黎明協會的基礎）。

事實上，馬瑟斯早在很久以前，就從維斯特考特本人直接聽說過這件事。三月三日，佛羅倫絲召開委員會來討論這項指控，同時要求馬瑟斯出示能證明指控的證據。三月二十二日，馬瑟斯不承認委員會的權限，也拒絕出示證據，並於隔天的二十三日將佛羅倫絲解任。佛羅倫絲立即召開第二教團大會，取得成員對此事交由委員會處理的同意。當然，關鍵人物維斯特考特也被要求接受面談以確認真相，但該名委員仍未從他口中得到明確答覆，因此委員會決定著手檢驗施普倫格爾的原始信件。就在此時，一位名叫克勞利的男子出現，事態戲劇性地急轉直下。

《2》克勞利的介入

一八七五年，阿萊斯特・克勞利出生於英國華威郡的利明頓，家中經營釀造業，屬於中產階級。他自幼受到嚴格的基督教道德規範，但一八九五年進入劍橋大學三一學院就讀並中途退學後，他逐漸對基督教產生反感。克勞利在年近20時讀了馬瑟斯的《揭開卡巴拉的面紗》而深受感動，於是在一八九八年加入黃金黎明協會，教團名為Perdurabo（堅持到底）。不僅如此，他還受到當時剛出版的《亞伯拉梅林之書》強烈影響，為了接觸自己的「神聖守護天使」而努力修行。克勞利曾在倫敦申請晉升至第二教團的第五位階，但傳言他涉入性魔法和性行為不檢的風波，而遭拒絕參與入會儀式。

一九○○年四月九日，克勞利抵達巴黎，與馬瑟斯進行了長時間的面談。馬瑟斯親自讓克勞利加入第五位階，並決定由他擔任自己的代理人派遣倫敦，負責審問那些反抗馬瑟斯的人，並要求他們簽署宣誓忠誠的文件。四月十三日，克勞利從巴黎返回倫敦。四月十七日，他立即趕赴倫敦的布賴德斯路36號，企圖接管教團的儀式房。佛羅倫絲也趕到現場，甚至報警而引發騷亂。然而，倫敦成員毫無意願簽署宣誓效忠馬瑟斯的文件，雙方陷入僵持局面，最終鬧上法庭，以克勞利敗訴告終。據葉慈在場的回憶，當時克勞利身穿蘇格蘭高地人服裝、戴著黑色面具、腰間佩有鍍金短劍，完全無法與之溝通。

四月十九日，委員會決議將馬瑟斯停職；四月二十一日，制定了第二教團的新規定；四月二十六日，正式批准將

▼35歲的阿萊斯特・克勞利　克勞利於布賴德斯路騷亂敗退後，周遊墨西哥和印度等地，除了西方魔法，也開始對瑜伽冥想法、佛教等感興趣。克勞利所追求的魔法，核心思想即「行你所意志之事，這就是全部的律法」。換言之，旨在透過實踐個人意志，善盡自己在宇宙中的使命與角色。

馬瑟斯逐出教團，並讓安妮・霍尼曼重返教團；四月二十七日，教團新體制確立，葉慈成為黃金黎明協會第一教團的領導人（Imperator）。

另一方面，貝里奇等馬瑟斯支持者則創建了新的神殿，與原有教團決裂。馬瑟斯被逐出教團，象徵著自一八八八年成立以來的黃金黎明協會，已事實上迎來了終焉。

《3》教團的內訌與終結

黃金黎明協會的內部分裂問題，並沒有隨著馬瑟斯被驅逐而結束。若將馬瑟斯與倫敦成員的問題視為第一次衝突，那麼第二次衝突就發生於佛羅倫絲・法爾的球體小組與安妮・霍尼曼之間，是倫敦成員的內部衝突。

安妮重返教團之後，震驚於教團未能像過去那樣妥善管理入會、考試、名簿等紀錄。她認為自己曾為教團的營運提供龐大資金，面對與心中理想形象相去甚遠的教團現況，難免心生不悅。特別是佛羅倫絲帶領球體小組熱衷於埃及魔法的行為，更是讓她無法認同。然而，委員會表決通過，正式承認球體小組的活動；當時投下反對票的，只有安妮和葉慈。葉慈見狀，以信件和小冊子的形式廣發〈紅玫瑰黃金十字會是否該作為魔法教團繼續存在？〉一文，試圖阻止教團內部分裂，但是最終未能改變局勢。

話雖如此，黃金黎明協會最後走向終結，也不僅是因為教團內部對立的問題。一九〇〇年二月，馬瑟斯結識了自稱持有美國黃金黎明協會授權狀而來到巴黎的霍洛斯（Horus）夫婦。據信霍洛斯夫人具有通靈能力，馬瑟斯不僅完全信任他們，還在阿哈索爾神殿介紹霍洛斯夫人是「施普倫格爾」。馬瑟斯曾指控維斯特考特偽造施普倫格爾的來信，這個誤解或許也與霍洛斯夫人的出現有關。

然而，霍洛斯夫婦實際上是專門詐騙歐洲神祕學愛好者的騙子。馬瑟斯不久便察覺了真相。霍洛斯夫婦從巴黎前往開普敦，再輾轉至倫敦，企圖利用從馬瑟斯那裡獲得的黃金黎明協會儀式知識，策劃一場新的騙局。最終，霍洛斯夫婦涉嫌凌辱教團年輕女性成員，於一九〇一年九月在倫敦遭到逮捕。經法院審理，兩人均被判刑入獄。該事件經媒體大幅報導後，黃金黎明協會倫敦分部的許多重要成員陸續退出。

隨著霍洛斯事件的曝光，佛羅倫絲・法爾於一九〇二年退出黃金黎明協會，安妮・霍尼曼則於一九〇三年退出。事實上，自一九〇〇年馬瑟斯被驅逐時，黃金黎明協會就已迎來結束，這次佛羅倫絲和安妮的退出，則是正式劃下了句點。

在這之後，黃金黎明協會分裂成各種組織。

一九〇三年，以羅伯特・威廉・費金（Robert William Felkin）、約翰・威廉・布羅迪－英尼斯為核心，成立了「晨星會」。晨星會相信黃金黎明協會第三教團的「祕密首席導師」是存在的，並積極實踐儀式魔法，費金甚至熱衷到前往德國尋找祕密首席導師。

另一方面，以亞瑟・愛德華・偉特和馬庫斯・W・布雷克登（Marcus W. Blackden）為主組成了「獨立修正儀式」。他們則是否定第三教團與祕密首席導師的存在，並捨棄魔法元素，轉而提倡純粹的神祕主義。

《4》轉變成基督教神祕主義

亞瑟・愛德華・偉特與克勞利完全

相反，其核心思想是遠離魔法，專注於基督教神祕主義。他小時候曾在天主教會受洗，但之後便逐漸捨棄天主教信仰，開始對唯靈論和神智學感興趣。一八七八年，21歲的偉特獲准使用大英博物館的閱覽室，並在這裡度過了5年沉浸於閱讀的生活。憑藉這段期間累積的廣博知識，偉特踏上寫作之路，留下約80本關於魔法、鍊金術、玫瑰十字會、共濟會、卡巴拉、神祕主義等領域的著作、譯作和編輯作品。

一八九一年，偉特加入黃金黎明協會，入會儀式在馬瑟斯位於森林山的家中舉行，教團名為Sacramentum Regis（國王的祕密）。然而，不久後他便以專心著作為由，於一八九三年暫時退出教團。一八九六年，他再次加入教團，並於3年後晉升至第二教團的第五位階，同年還出版了李維代表作《高等魔法的教義與儀式》的英文譯本。

偉特從那時開始，便覺得李維的魔法未必能通往靈性之路，但是仍在一九一三年翻譯了《魔法的歷史》（The History of Magic）等作品，成為將李維介紹給英美文化圈的重要推手。偉特認為，要想追求高等魔法，就應當透過「宗教」這條正道，而儀式魔法並非真正的傳統。

偉特組織了獨立修正儀式後，又於一九一五年創立玫瑰十字同志會，標榜基督教神祕主義。玫瑰十字同志會與黃金黎明協會一樣，以卡巴拉系統為基礎設立位階制度，但其宗旨只是追求與神祕主義的神性合而為一。偉特認為，外部教會背後存在「內部教會」，這是由成員在「高次元意識」引導下集結而成

▲年輕的亞瑟·愛德華·偉特（約1880年） 1878年，偉特獲准使用大英博物館閱覽室後，便在此沉迷閱讀5年之久，並在這時認識了馬瑟斯。

▼壯年的亞瑟·愛德華·偉特（1922年） 1891年，偉特加入黃金黎明協會，但專長是基督教神祕主義，而非魔法。

的神聖共同體。偉特在其著作中，特別強調這類「祕教傳統」的存在。

偉特在各個領域都十分活躍，其中影響現代最深的，莫過於他和帕梅拉・科爾曼・史密斯（Pamela Colman Smith）共同設計的塔羅牌了。

這套塔羅牌由萊德公司發行，故稱「萊德偉特塔羅牌」，流傳範圍超越了過去所有版本的塔羅牌。一九一〇年，偉特出版了塔羅牌解說書《塔羅牌的圖畫鑰匙》（The Pictorial Key to the Tarot）。他認為塔羅牌不僅是占卜或進行星界旅行的工具，還蘊含了祕教傳統的象徵符號與智慧。

▲由偉特編輯的塔羅牌（最初的4張阿爾克那） 偉特和帕梅拉・科爾曼・史密斯共同設計塔羅牌，並由萊德公司發行，其流傳範圍超越了過去所有版本的塔羅牌。這邊僅展示最初的4張牌。「0愚者」對應希伯來語的Aleph（א），表示超越一切邏輯、享受自由精神的終極心態；「1魔法師」對應Bet（ב），代表擁有靈性、瞭解物質本質並能操控之人，前方桌上擺放著4個象徵物：杯子、錢幣、劍、權杖，人物擺出荷米斯・崔斯墨圖的動作（右手朝上、左手向下，代表天地對應），腰帶為銜尾蛇造型，頭上連珠紋代表創造的出發點；「2女祭司」對應Gimel（ג），相當於天上女神的靈性，兩旁有雅斤（Jachin）和波阿斯（Boaz）支柱（慈悲和嚴厲之柱）、腳下是月亮、膝上放著摩西律法書《妥拉》等；「3女皇」對應Dalet（ד），與生命起源相關的地母神，在麥田中放鬆，右手拿著權杖，盾牌上有金星符號，頭上有12顆星星。

第六章 現代主義藝術與魔法

I 現代主義藝術的非具象化

《1》榮格崇拜

一九〇三年，黃金黎明協會迎來真正的終結，但是魔法思維仍然存在於不同的領域中。諸如西格蒙德·弗洛伊德（Sigmund Freud）於一九〇〇年出版的《夢的解析》（The Interpretation of Dreams）、卡爾·古斯塔夫·榮格（Carl Gustav Jung）於一九〇二年出版的《心靈現象的心理學與病理學》（On the Psychology and Pathology of So-Called Occult Phenomena）等，針對潛藏於意識之外、卻仍在心靈內部發揮作用的無意識結構，已開始進行系統性探索。魔法中的「高次元格尼烏斯」，成為心理學中的潛意識問題，找到了新的活動空間；而鍊金術中整合兩性原理的主題，在榮格心理學中則轉化為通往「自我實現」的過程。弗拉德和麥肯齊的宇宙圖以及《玫瑰十字會的祕密象徵》鍊金術圖解，經重新詮釋，成為表現人格全貌的曼陀羅圖像。

有一說法認為，榮格學派類似於「教團」，病人是「信徒」，榮格和分析醫師則是「首席導師」。不僅是思想，在組織管理上也與19世紀的魔法結社有諸多相似之處。理查德·諾爾（Richard Noll）在《榮格崇拜》（The Jung Cult）中便寫道：「分析榮格崇拜的歷史，會發現另一個顯著特徵，即最早期的女性追隨者——尤其是美國女性扮演了主導角色。在這方面，榮格運動與唯靈論、神智學這些19世紀的神祕學運動完全相同。」並舉例在一九二五年的分析心理學研討會上，27名參加者中有18名為女性。

《2》超現實主義與魔法

心理學作為精神醫學的分支之一，逐漸轉變為一門獨立的學科（或者說偽科學）；與之相對，現代主義藝術則具體表現出魔法的世界。其中，最明確表現出心理學與魔法關係的則是超現實主義。一九二四年，安德列·布勒東（André Breton）法表《超現實主義宣言》（Surrealist Manifestos），將其做了以下定義：「此為內心純粹的自動化現象，目標是表現思考的實際運作，不受理性所施加的任何控制，也不受任何美學或道德上的顧慮所約束，透過口述、書寫或其他任何方式來實踐。」所謂的自動書寫，便是一種不受自我意識控制，由潛意識（即無意識）主導來創作文字或圖像的方法。其內容多半無法形成具體意義、宛如夢境，呈現出毫無邏輯的詞語連續。這種技法源自唯靈論，書寫者僅是媒介或工具，真正進行書寫或創作的主體是靈魂或他者。超現實主義將自動書寫作為其主要技法之一，本身就證明了其不僅繼承了唯靈論，也與19世紀的神祕主義存在著連續性與深刻的關聯。

《3》現代主義藝術與神祕主義

關於現代主義藝術與神祕主義、鍊金術、卡巴拉等之間的關係，曾於一九八六年藝術評論家莫里斯・塔奇曼（Maurice Tuchman）指導下舉辦的大型展覽會與其成果《藝術中的靈性——抽象繪畫一八九〇至一九八五》（The Spiritual in Art: Abstract Painting 1890-1985）中正式得到驗證。據說瓦西里・康丁斯基（Vasiliy Kandinskiy）、法蘭提塞克・庫普卡（František Kupka）、卡濟米爾・馬列維奇（Kazimierz Malewicz）、皮特・蒙德里安（Pieter Mondriaan）等人的藝術，都是在神祕主義的影響下萌發；甚至可說沒有19世紀末達到顛峰的神祕主義，這些藝術便不會存在。

包含黃金黎明協會在內，19世紀神祕主義的底層核心思想，就是試圖透過個人想像力，搭建起天地之間的橋樑。而藝術家追求的是超越永恆與時間性的存在，致力於在此時此地直接與永恆（真理）連結。因此，現代主義藝術所展現的，是一個既不尋常也非不尋常的神祕世界。面對這樣的藝術，觀者往往會感到無所適從。現代主義藝術不探求「再現現實世界」或「顯現非現實世界」，而是在追問「藝術自身是什麼」，舉凡繪畫是什麼？音樂是什麼？文學是什麼？使藝術回歸到自身結構的根本要素，導向純粹的表現形式。典型例子如抽象繪畫，抽象化過程中作品會朝著「繪畫本身」自立的方向發展。而引導康丁斯基和蒙德里安走向抽象畫這種表現形式的源頭之一，就是布拉瓦茨基夫人的神智學；對馬塞爾・杜象來說，則是鍊金術式的思考方式。

美國哲學家馬克・泰勒（Mark Taylor）在其一九九二年的著作《非形象化》（Disfiguring: Art, Architecture, and Religion）中，便指出索緒爾（Ferdinand de Saussure）語言學理論中的能指（signifier，編註：符號的物質層，我們可感知到的外在形式，如：發音、圖像等）、所指（signified，編註：符號的意義層，我們腦中對該事物的心理概念）雙層結構，與現代主義藝術之間的關係。能指與所指的分離（編註：兩者的連結打破或弱化，造成符號意義重塑、有多重解讀等）及其任意關係（編註：一個概念即所指，在不同語言中有不同能指，如：dog、狗都是指同種動物），產生了2種表現方法：其一，無視能指，讓所指發光發亮；其二，消解所指，轉而將重心放在能指，確立符號的自我指涉性。具體而言，意義並非直接從語言本身而生，文本也不具固定的含義。意義的誕生，來自讀者將文本消解，使其與意義分離，從而創造出嶄新的意義空間。任何文本都不是已完成的，而是在通往完成的過程中不斷變化著。能指與所指之間的「深淵（編註：兩者的連結是脆弱且可變的）」只是理論上的假設，介於存在與非存在之間、超越邏輯與非邏輯的對立。這麼說似乎帶有禪宗公案的色彩，但現代主義藝術正是誕生於這樣一個顛覆邏輯、宛如魔法世界的觀念中。

現代主義藝術（Modernism Art）中的「現代」一詞源自拉丁語modo，意即此刻、現在；而其根源意識，正是試圖在此時此地與超越性存在連結，亦即在「此刻（modo）」與傳統神聖國度連結。神智學及黃金黎明協會的魔法，便是追求個人內在中「絕對」和「實在」的典範。接下來，我們就透過杜象、克利、塔可夫斯基的作品，來具體探討這個主題。

Ⅱ 馬塞爾．杜象的《現成的自行車輪》

《1》神智學與鍊金術

20世紀引領現代主義藝術發展的重要畫家之一——馬塞爾．杜象，於一八八七年出生在法國諾曼第。他的兩位兄長分別活躍於繪畫與雕刻領域，而杜象早期的創作便是受到立體主義和野獸派的影響。杜象與神祕主義的關係，首先體現在神智學的領域。一九一〇年，他創作的《杜穆謝爾博士的肖象》（Portrait of Dr. Dumouchel），描繪的是其醫學生朋友雷蒙德．杜穆謝爾（Raymond Dumouchel）成為醫生後的模樣，畫風帶有明顯的野獸派特色。約翰．F．莫菲特（John F. Moffitt）指出，畫中圍繞人物的藍紫色光芒、深綠色外套、左手放射的光線等配色，應均是參考了查爾斯．利德比特的《人類》（L'homme visible et invisible，一九

▲杜象的《杜穆謝爾博士的肖象》 這是他描繪醫學生朋友雷蒙德．杜穆謝爾成為醫生後的模樣，可以看出受神智學色彩論影響。創作於1910年。

▶一九一二年的馬塞爾．杜象 引領20世紀現代主義藝術的畫家之一。其與神祕主義的關係，可從神智學、鍊金術和四維世界等領域看出。

○二年），以及安妮·貝贊特與利德比特共同著作的《思想形態》（Thought Forms，一九○五年）中提出的神智學色彩論（收錄於《杜象——前衛的鍊金術師》〔Duchamp: A Biography〕、《藝術中的靈性——抽象繪畫一八九○至一九八五》中）。該理論的色彩表中，共呈現25種顏色與其象徵意義。環繞人物的藍紫色代表對人性的愛，具有高次元靈性、對崇高理想的奉獻；外套和左下角的綠色，代表適應力和共感；圍繞醫生治療之手周圍的粉色，則代表無私的愛。

▲色彩表　表中呈現神智學裡的25種顏色及其象徵。從左開始，第一列是高次元靈性、愛的奉獻、對崇高理想的奉獻、純粹的宗教情感、利己的宗教情感；第二列是敬畏的宗教情感、最高智慧、強大智慧、低階智慧、傲慢；第三列是共感、對人性的愛、無私的愛、利己的愛、純粹的愛；第四列是適應力、嫉妒、虛偽、恐懼、氣餒；第五列是利己性、貪婪、憤怒、官能性、惡意。取自利德比特的《人類》（1902年）。

一九一一年時，杜象送給妹妹蘇珊（Suzanne）的結婚禮物《春天的青年與少女》（Young Girl and Man in Spring），則以鍊金術中的「整合對立」為主題。鍊金術理論中認為，結合代表陰性原理的「水銀」（白皇后），與代表陽性原理的「硫磺」（紅國王），可生成兩性兼具的賢者之石。畫中的青年與少女正是結婚的妹夫與妹妹，中央透明球體中的人形，則暗示著鍊金術所創造的人造人。值得一提的是，妹夫的職業正是與鍊金術密切相關的藥劑師。不過，創作者不一定是有意識地採納神智學、鍊金術等思想，但重要的是其作品能如此詮釋，可見藝術與魔法在思想上有並行性。

一九一二年，杜象發表作品《下樓的裸女二號》（Nu descendant un escalier）時幾乎無人理解，但日後竟引起極大反響。畫中試圖描繪一名女性裸體下樓的動態，並非以靜止畫面呈現，而是將連續動作的形體重疊於同一畫面上。若無標題提示，觀者難以理解畫面所描繪的內容。杜象試圖在平面畫布上，表現時間這一無法視覺化的維度，背後隱含的主張是：我們所認知的空間，其實是由無數空間的重疊所構成。

《下樓的裸女二號》誕生時期，彼得·烏斯賓斯基（Pyotr Uspensky）正好出版了《第三的思考規範》（Tertium Organum，一九一二年）。雖說杜象未必有機會看到這本書，但早在一九○四年，霍華·辛頓（Howard Hinton）便出版了《第四維度》（The Fourth Dimension），「四維空間」概念也在立體主義者之間引起話題。烏斯賓斯基的著作總結了這個概念，指出：「當我們接觸到僅隱約察覺到的某個空間之時，內心會產生『在該空間運動』的感覺。結合這微弱覺察與運動感覺，便形成我們所稱的『時間』。」《下樓的裸女二

▶杜象的《新娘甚至被光棍們扒光了衣服》一九一五至一九二三年　這件作品的詮釋眾說紛紜，至今仍沒有確定的含義。上方金屬零件象徵新娘，但幾乎不具女性形體；下方組件包含9個雄性模具、巧克力磨碎器、「過濾器」等，表現出光棍對新娘的渴望。

號》即試圖表現出「時間空間化」的概念，即四維空間中超自然、具有魔法性的時空。

杜象的巨作《新娘甚至被光棍們扒光了衣服》（The Bride Stripped Bare by Her Bachelors, Even）於一九一五年動工，但到一九二三年仍未完成，最終以未完成之姿成為傳奇。正如其別稱《大玻璃》（Le Grand Verre），以巨大玻璃為媒材，其中封裝著各種不可思議的裝置，至今仍難以完全解讀其意涵。原作於搬運過程中損壞，現存於費城藝術博物館，泰特現代主義藝術館則收藏了其精巧的複製品（！）。作品容易觀賞，但是就連要找出哪個是標題中的「光棍」和「被扒光了衣服的新娘」都很困難。據說作品上半部金屬零件為「新娘」，但幾乎不具女性形體；下半部層層疊疊的組件，代表了9個雄性模具、毛細管、帶水車的滑溝、巧克力磨碎器、過濾器、剪刀、眼科醫生證人等，象徵著光棍對新娘的渴望。作品反映了新娘和光棍渴望透過性結合達到完整，卻又無法實現的狀態。

美術史家約翰・戈爾丁（John Golding）在《杜象——新娘甚至被光棍們扒光了衣服》（Duchamp: The Bride Stripped Bare by Her Bachelors, Even）中指出，新娘和光棍的性對比，實為鍊金術二元論主題的轉化。被扒光衣服的新娘象徵著鍊金術階段中的第一質料淨化，對應白皇后與紅國王結婚的完成過程。第一質料為潛藏於萬物中的根本元素，無形相也無特性。此外，下方組件也與14世紀鍊金術書中的插圖《鍊金爐、蒸餾器、被釘在十字架上的宇宙之蛇》相呼應，左側鍊金爐對應光棍、中央蒸餾器對應水車、十字架對應剪刀、宇宙之蛇對應過濾器。根據杜象的備忘錄集《綠色盒子》（La Boîte Verte），他在構思《大玻璃》初期，便已在心裡描繪出類似鍊金術設備的畫面。戈爾丁還進一步指出，正如三維物體投影出的影子會變成二維，那麼三維物體應該是人眼看不見的四維世界所投射的影子，而《大玻璃》可能就是四維世界的投影。

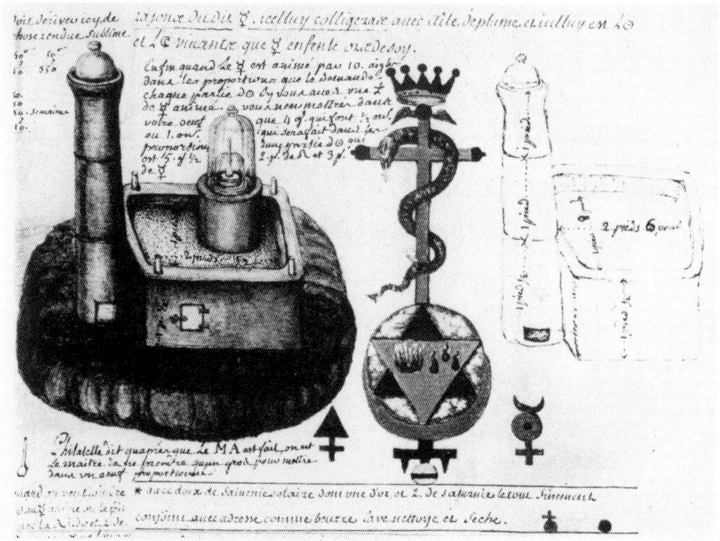

▲**《鍊金爐、蒸餾器、被釘在十字架上的宇宙之蛇》**在《新娘甚至被光棍們扒光了衣服》中新娘和光棍的性對比，可解釋為鍊金術二元論主題的轉化。左側鍊金爐對應光棍、中央蒸餾器對應水車、十字架對應剪刀、宇宙之蛇對應過濾器。創作於14世紀。

《2》魔法神聖化的現成品藝術

杜象推動達達主義與超現實主義運動期間，最著名的便是放棄傳統藝術概念，創造出將現成工業製品直接作為藝術作品的「現成品藝術（Ready-made Art）」。最知名的代表作，就是將白色男士小便斗原封不動地送展，並將其命名為《噴泉》（Fountain，一九一七年）。最早的現成品則是《現成的自行車輪》（Bicycle wheel，一九一三年），將腳踏車輪倒裝於圓凳上。杜象可能只是單純喜歡這個造型，而選擇了圓椅和腳踏車輪這兩種工業製品，但他「選擇」的意志賦予了現成品神聖化的意義。這個過程就相當於魔法師對現成的劍或權杖等魔法工具，進行神聖化的儀式。透過神聖化，原本平凡無奇的物品就能從一般用途中區別開來，轉而用於神聖儀式。同樣地，一九一四年的《瓶架》（The Bottle Rack）、一九一五年《斷臂之前》（In Advance of the Broken Arm）的那把雪鏟，都是經過杜象選擇（即神聖化）後成為藝術品。其中，《現成的自行車輪》常有人解析其與鍊金術的關聯。

與之比較的圖像，為17世紀《真理之鏡》（A Glasse of the Truthe）中的插圖。畫中，希臘神話英雄卡德摩斯的左手拿著硫磺符號（🜍）形狀的大釘子，右手轉動著車輪。鍊金術的最終目標是生成賢者之石，即固定並物質化天空中充斥的生命靈氣。車輪的外圓上，從左下的硫磺符號開始，依序排列了水星、土星、木星、月亮、金星、火星、太陽這七大行星。說明文依序為彩色、黑色、灰色、白色、綠色、紅色、藍色、深黃色、黃色和深紫色，展現出鍊金術反覆進行物質變化與循環的過程。這種意象可能也代表了吞食自己尾巴的銜尾蛇，即鍊金術的重要象徵之一。此外，若將圓椅的四隻腳視為四大元素（火、空氣、水、土）的象徵，裝於其上的車輪本身就是第五元素（天空界的元素——生命靈氣）。

另一方面，《現成的自行車輪》應該也受到烏斯賓斯基《第三的思考規範》所影響。腳踏車輪的中心軸放射出多條輻條，靜止狀態下物體可從中穿過；然而，高速轉動時，輻條之間的空隙會因旋轉而填補，使物體無法通過，這可以想成是在那裡創造出新的空間。四維時空與鍊金術的賢者之石，本就是理論上虛構的超自然實體；到了現代，則取代魔法所追求的高次元格尼烏斯，成為現代主義藝術所要表達的目標。

▲**《現成的自行車輪》** 杜象在1913年創作的現成品藝術。在平凡無奇的圓椅上倒裝腳踏車輪。本來或許沒有其他意義，但也可以從鍊金術思維解讀。

Ⅲ 保羅・克利的《新天使》

《1》與神祕學之間的關係

一八七九年，保羅・克利出生於瑞士的伯恩近郊，父親是音樂老師，他也自幼學習小提琴。儘管他被寄予厚望要成為一名音樂家，但他認為繪畫才能發揮自己的創造力，於是前往慕尼黑接受正統繪畫訓練。一九一一年，克利加入由瓦西里・康丁斯基、奧古斯特・馬克（August Macke）主導的「藍騎士」團體。其後，他受聘威瑪包浩斯大學，並參與超現實主義運動，成為推動20世紀初現代主義藝術的重要畫家。

克利與神祕學之間的關係，並不像康丁斯基和杜象那樣明確。能看出相關性的，是其於一九二〇年創作的《新天使》（Angelus Novus）。一九二一年，文藝評論家華特・班雅明購得《新天使》

▼**〈轉動車輪的卡德摩斯〉** 希臘神話英雄卡德摩斯，左手拿著硫磺符號形狀的大釘子，右手轉動車輪。鍊金術的最終目標是生成賢者之石，即固定天空中充斥的生命靈氣。取自17世紀的《真理之鏡》。

後，便將之長年掛於柏林的住所，後來這幅畫經狄奧多・阿多諾（Theodor Adorno）之手，轉至格爾肖姆・朔勒姆手裡。班雅明於一九四〇年《歷史的概念》（Theses on the Philosophy of History）中提到《新天使》時表示：「從這位天使專注凝視的樣子，可見祂正打算遠離。祂雙目睜大、嘴巴張開、翅膀展開，歷史上的天使想必就是這副模樣吧……我們看來發生的一連串事件，在祂眼中都只是一次破局。一次次破局不斷堆疊於殘骸上，然後拋至祂的腳邊。」

斯特凡納・莫塞斯（Stéphane Mosès）於《歷史的天使》（Ange de L Histoire）一書中表示，這位新天使象徵著班雅明在歷史哲學上的核心直覺。歷史的意義並非在其發展過程中顯現，而是出現在看似連續性的中斷、裂縫與偶然事件中，並且以一瞬間啟示根本真理的片段來呈現。

換言之，班雅明不將歷史視為存在於物理時間流動中的事物，並認為救贖會在遙遠未來的末日時到來，世界會在每一個瞬間迎來新的狀態。新天使只會看見切斷時間連續性的破局；而神會在每個瞬間創造出新天使，新天使僅在剎那間歌頌並讚美神，然後便消逝於虛無之中。

《2》班雅明的純粹語言

班雅明試圖在切斷物理性時間流動的「當下瞬間」，探索彌賽亞救贖的線索，這個觀念更加明確地闡述於其獨特的翻譯論中。他認為，語言並非一般所認為的僅是傳達工具，而是通往亞當墮落前「原始語言」的跳板。如今，語言和時間一樣，已經淪為單純的傳達工具，但就如同歷史中會出現的斷裂與破局，語言內也潛藏著純粹語言，會於瞬間揭示出來。而這種純粹語言的顯現，不需經由特別的行為，而是在極為平凡卻至今無人察覺的過程中——也就是在「翻譯」的過程中能夠發現。

班雅明於〈譯者的使命〉（The Task of the Translator）中闡述了此一觀點，主張語言不僅是傳達工具，應從破碎的片段語言中解放純粹語言。由此可知，班雅明對歷史和語言的態度，與現代主義藝術追求純粹的立場相通。

一九二三年，班雅明將波特萊爾（Charles Baudelaire）的《巴黎風貌》（Parisian Scenes）翻譯成德語時，以〈譯者的使命〉作為序文公開。其於文章開頭便提出令人驚愕的觀點：「每一首詩都不是寫給讀者，每一件美術作品都不是畫給觀賞者，每一首交響曲都不

◀**保羅・克利**　克利於一九一一年加入由瓦西里・康丁斯基主導的「藍騎士」團體，其後受聘威瑪包浩斯大學、參與超現實主義運動等，成為推動20世紀初現代主義藝術的重要畫家。照片攝於一九二五年，左邊數來第二位是康丁斯基，最右邊是克利。

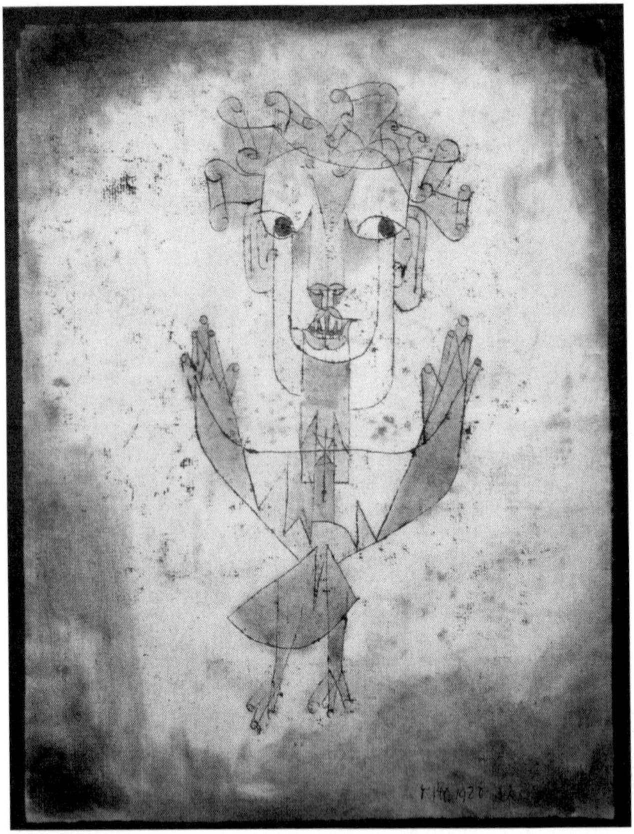

▲克利的《新天使》 1921年，文藝評論家華特·班雅明購入，長期掛於柏林的住所。

是演奏給聽眾。」翻譯目的也不在於傳達既有意義，譯者肩負著截然不同的使命——首要之務是以翻譯認識純粹語言的形式。

語言常被沉重「含義」所纏繞，翻譯的意義就是從中解放語言的「本質」、讓其顯現出純粹性。班雅明認為，純粹語言的核心正是在各語言生成過程中表現出自己、創造出自己。換言之，純粹語言沒有任何含意，也不做任何表達，這才是所有語言作為創造性語言所追求的目標。

因此，譯者真正的使命，就是將被其他語言囚禁的純粹語言，釋放到自身語言中；將囚困於作品中的語言，透過改編而解放出來。

《3》譯者的使命是什麼？

班雅明在〈譯者的使命〉中提出的純粹語言，可連結至最初的語言——亞當語。《創世記》第十一章記載，驕傲自滿的人們試圖建造一座擁有通天塔的城鎮，於是上帝耶和華決定混淆他們的語言，使他們無法理解彼此，而阻止了城鎮建設、使人們分散到世界各地。純粹語言就類似巴別塔之前的原始語言，然而崩壞的語言就像碎裂的容器，變成單獨而不完整的片段。

「容器的破壞」正是卡巴拉特別喜愛的隱喻之一，〈譯者的使命〉便數次在重要段落強調這個意象。換言之，世間已不存在最初的語言，所有語言都是幾經翻譯而來。不過，這些語言即便不完整，都依然蘊藏著純粹語言的種子，而翻譯這個行為就是一個契機，用以揭示隱藏起來的純粹語言。

翻譯的目的並非還原原作，而是讓原作得以用另一種形式存活，甚至擁有死後再生的成長能力，而這個過程的保證者就是神。譯者的使命便是見證自巴別塔事件以來毀損的純粹語言，如何不斷成長，直至歷史終結時的彌賽亞（救世主）降臨之日到來。

美國文學評論家蘇珊・漢德爾曼（Susan Handelman）於《救贖的詮釋學》（The Slayers of Moses，一九一一年）中，試圖從詮釋學的救贖功能，解讀班雅明的翻譯理論。卡巴拉所描述的救贖機制，是為了拯救從墮落後遭困於物質世界容器中的殘存神聖火花，將其歸還至源頭以修補世界，最終實現救贖。基於此一觀點，歷史不再只是一門學問，更是人們回憶的一種形式，與救贖主題息息相關。班雅明的翻譯理論與之一脈相承，語言不再只是傳達工具或任意的符號系統，而是以一種純粹的形式存在。漢德爾曼表示，猶太教相信神創造的啟示語言與《妥拉》有無限意義，而這個概念就深根於此猶太教傳統之中。

漢德爾曼進一步提出，要理解純粹語言必須具備2個文學語言的基礎概念——鍊金術概念和祕教概念。祕教概念中，需將語言從世界中分離出來，再將語言本身帶入純粹形式的領域，而且內容——與一般世俗實際溝通的關係愈少，語言就愈純粹、愈接近本質。舉例來說，斯特凡・馬拉美（Stéphane Mallarmé）的詩歌語言便體現了這點，脫離一切外在意義和人類表達，回歸最初純粹而空虛的淨化之詞，這個虛無本身正是極緻的美。鍊金術概念中，則認為語言本身是實在的，會進一步構成超越的世界。無論是基於哪種概念，最終目標都是追求語言和現實始於相同源頭的同一性。

◀**華特・班雅明**　一九三七年攝於巴黎。班雅明發行於一九二三年的〈譯者的使命〉，旨在打破語言只是傳達工具的看法，認為應從片段化語言中解放幽禁的純粹語言，見證其逐步成長至歷史迎來彌賽亞終結為止。

Ⅳ 安德列・塔可夫斯基的《潛行者》

《1》電影的魔法

電影藝術的魔法性，在於其表達形式可以自由地操縱時間和空間。

如今隨著DVD的普及，許多人都是在自己的房間中觀賞電影；然而，過去一般都是在電影院這種「陰暗空間」裡，和一群「觀眾」一同注視著同個銀幕。換言之，就是在與日常截然切割開來的空間中，和其他人參與一場魔法性的集體幻想。

當電影題材取自科幻小說時，魔法效果又會更加顯著。蘇聯電影導演塔可夫斯基，便留下了《索拉力星》（Solaris）、《鏡子》（Mirror）、《鄉愁》（Nostalghia）、《犧牲》（The Sacrifice）等充滿詩意的經典作品，其中一九七九年《潛行者》（Stalker）更是堪稱傑作。

《潛行者》的故事背景，是地表一部分遭到了破壞，但不知是因隕石墜落，還是來自宇宙的其他生命體所造成，派出探查的軍隊無一人生還。之後，那一帶便以鐵絲網封鎖隔離，人們稱之為「禁區」。然而，傳說只要進入禁區中心的「房間」，願望就會實現，於是出現一批甘願冒險帶路的人——潛行者。電影描述一位潛行者和兩位委託人（分別是教授和作家）相約在酒吧碰面，他們坐上軌道車進入禁區，到達房間後卻沒有進入，而是返回酒吧。

《2》前往異空間的旅行

前往禁區的旅程，就是從日常世界前往異空間的旅行，可說是黃金黎明協會星界旅行的現代版本。進入禁區前的酒吧和戰鬥場景，以及離開禁區後的酒吧和潛行者住所等地，都是採用深褐色調；拍攝禁區的場景，則是採用彩色畫面，展現出空間所屬維度的不同。

禁區中，日常邏輯並不適用。潛行者理應十分熟悉通往房間的路線，卻還是必須將鐵螺帽用綁帶綁起後丟出去，決定方向才前進。當聽到濁流形成旋渦之地稱作「乾涸隧道」時，作家打趣地說：「別開玩笑了！」明明應該身處如夢似幻的空間，教授卻仍打電話聯繫自己的研究室。他身為物理學專家，面對這無法以理性理解的世界，竟考慮用自製的高性能炸彈摧毀。另一方面，作家喜愛有神與精靈的中世紀背景，內心卻不相信禁區的神祕性。他活在意義主導的世界裡，自然無法理解禁區世界中「無意義的意義」這種邏輯。

三人平安通過據說奪走許多人性命、稱作絞肉機的隧道後，經過充滿水的房間，在砂丘房停下腳步。這裡有黑鳥飛翔，和彷彿直通地底的漆黑深井，不禁令人聯想起死者的國度。最終，三人抵達禁區中心的房間。然而，面對這間能夠實現個人夢想的房間，教授卻選擇將帶來的炸彈解體後扔進水中，作家也打退堂鼓並不打算進入。電影中並沒有演出三人是如何離開禁區的，場景一下子回到原先的酒吧。

接著，鏡頭轉移到潛行者雙腳萎縮的女兒瑪爾塔身上。她的腳未能奇蹟痊癒，但她是整部劇中唯一保持沉默卻一臉平靜的人。畫面再度轉為彩色，放置於桌上的3個杯子，順著她的視線方向，隨著念力緩緩移動。作家說：「我從未見過幸福的人。」潛行者也低聲附和。在禁區以外的空間，能真切感受自己的願望已經實現的人，就只有置身在最悲慘境遇下仍保持內心平靜的瑪爾塔。

《潛行者》中完全沒有出現魔法陣或魔法用具，但若將魔法領域中的善靈

◀**塔可夫斯基導演的《潛行者》（一九七九年）**故事背景是部分遭隕石等外力破壞的地表，被隔離為「禁區」。傳聞進入禁區中心的「房間」，願望就會實現，因此出現一批甘冒風險帶路的人，他們稱作潛行者。

▶**坐上軌道車移動的潛行者**　潛行者和兩位委託人——教授與作家相約在酒吧碰面，坐上軌道車前往禁區。移動到禁區意味著從日常世界前往異空間的旅行，如同現代版的黃金黎明協會星界旅行。

與邪靈，視為魔法師與參與者潛意識的具象化，那麼塔可夫斯基或許是以魔法框架構築整部作品。

禁區反映了潛行者與同行委託人的精神狀態，進入房間所能實現的正是他們潛意識的願望。前任潛行者——豪豬進入房間後成為富翁，但是沒多久便上吊自殺。因為他原以為自己所求是復生遭絞肉機奪走性命的弟弟，實現的卻是「致富」這一潛意識的慾望，當他發現自己腐敗的本性時，不禁絕望自盡。

劇中作家沒有進入房間的原因，正是因為不想看到自己墮落的本性，也不想讓人看見。若說絞肉機隧道是現代版地獄，在禁區中屢屢出現的「黑狗」，或許就是現代版的儀式魔法所召喚的善靈或使魔。

豪豬對自身腐敗本性的絕望，即現代人面對人類潛意識殘酷又邪惡的慾望而畏怯的寫照。從古至今，這股慾望都一直存在，是人類原始衝動的一部分。這股衝動一般處於沉眠狀態，但一旦受到外部刺激，便可迅速轉化為不好的慾望。若說魔法師所召喚的邪靈，正是這類潛在衝動的具象化，那麼在現代社會要召喚出這樣的邪靈，恐怕已不再需要任何儀式或咒語。

當這股衝動因某些事件觸發，就可能造成超乎想像的悲劇性行為，在科學理性主義時代下，就不能以迷信的方法將之視為邪靈來解決問題了。而人類腐敗的本性最極端而明顯之處就在於戰爭，尤其是現代戰爭中。

▶**休息中的潛行者和狗**　劇中並沒有出現魔法陣和魔法用具，但塔可夫斯基可能用了各種符號（如：狗、水井、砂丘、鳥等），描繪出魔法的框架；正如傳統中將善靈、邪靈視為魔法師潛意識的具象化一樣。

《3》痛苦的預感

最後，要來看看收錄於西班牙畫家法蘭西斯科・哥雅（Francisco de Goya）系列作品《戰爭的災難》（Los Desastres de la Guerra）中的一張銅版畫——〈對於事情終究會發生的種種痛苦預感〉。

▶**哥雅〈對於事情終究會發生的種種痛苦預感〉**收錄於西班牙畫家哥雅的系列版畫《戰爭的災難》中。《戰爭的災難》取材自西班牙與法軍的游擊戰，應創作於一八一〇年至一八二一年左右。男人臉上夾雜著不安和恐懼之情，揭示現代人無法逃離的處境。

這張銅版畫推測創作於一八一〇年至一八二一年間，但直到他去世35年後的一八六三年才正式出版問世。他更早的系列版畫《狂想曲》（Los caprichos，一七九九年）中，就描繪了騎著掃帚在天空飛翔的女巫形象；其晚年系列作集《黑色繪畫》（Pinturas Negras）中，則直接畫出女巫集會，以及作品核心的惡魔等幻想元素。

《戰爭的災難》取材自法軍入侵西班牙期間的游擊戰，描繪日常看似平凡安逸的市民，有時竟能做出如此殘酷的行為，而這種情況並不只會出現於戰爭這種極端情況中。

哥雅以極為寫實的方式，揭示人性中的黑暗。我們每個人的日常生活中，其實都潛伏著原始而深沉的黑暗——只是沉睡著，絕對真實存在。

這幅畫中張開雙臂的男人，臉上所流露出的不安和恐懼，彷彿在警告著我們：邪靈如今仍暗藏於我們心底，而且將來也會繼續存在，隨時等待著被喚醒的時機。

後記

本書是繼系列作《圖解共濟會》（日本二〇一〇年出版）和《圖解鍊金術》（日本二〇一二年出版）後的第三部作品。回顧創作過程，不同於原本的預期，我發現這本書基本上是基於《共濟會與鍊金術——西方象徵哲學譜系》

（フリーメイソンと錬金術——西洋象徵哲学の系譜，人文書院一九九八年出版）內容，再加入最新研究成果後展開各個主題。《共濟會與錬金術》一書的章節架構為（一）古代祕教與代蒙（二）古代魔法與基督教（三）錬金術與共濟會（四）作為近代祕教的共濟會（五）布雷克與格尼烏斯（六）18世紀的德魯伊主義及其發展（七）魔法與詩歌的想像力。這本書的主書名提案之一為「代蒙文化史」，可見內容旨在以代蒙與格尼烏斯作為關鍵，從古代祕教開始，探討錬金術、共濟會、浪漫主義、近代魔法等西方神祕學。

圖解系列的第一部作品《圖解共濟會》，是以反映18世紀啟蒙主義和科學理性主義精神的結社共濟會為對象，探討其在文化史上的意義，內容基於《共濟會與錬金術》第四章；第二部作品《圖解錬金術》是以16世紀下半葉至17世紀鼎盛的錬金術為對象，探討其理論與實踐方法，並延伸至浪漫主義時代具神祕主義精神的神智學，乃至對現代主義藝術所造成的影響，內容基於《共濟會與錬金術》第三章。

第三部作品《圖解魔法與祕教》，則是以19世紀最具代表性的魔法結社——黃金黎明協會為中心，探討近代魔法的誕生及發展出的想，內容基於《共濟會與錬金術》的第一章、第二章、第七章。而《共濟會與錬金術》的第七章，則是以我所翻譯的麥金托什（Christopher McIntosh）《玫瑰十字會》（The Rosicrucians，《薔薇十字団》日文平裝版由一九九〇年平凡社出版、文庫版由二〇〇三年ちくま学芸文庫出版）附錄〈原始之夢——西歐魔法變遷〉為依據。魔法與錬金術作為文藝復興魔法的兩大重要支柱，不僅同樣擁有以生命靈氣為中心的世界觀，對現代主義藝術造成的影響也多有重疊。從這層意義上來說，本書可說是第二部作品《圖解錬金術》的姊妹篇。

相對於圖解系列以《共濟會與錬金術》為基礎，深化發展每個主題，《心靈文化史——靈性的近代英國》（，二〇一〇年河出書房新社）則是以19世紀為中心，探討席捲歐美的唯靈論，以及其與顱相學、動物磁性說、神智學、心靈研究協會、深層心理學、田園城市理論之間的關係。從16世紀宗教改革引入人類直面神為起點，基督教逐漸式微，取而代之的是各種西方神祕學。其中，唯靈論可以視為「自我實現」這一主題於19世紀的延伸。

如果要大膽一點總結迄今為止的研究結果，西方神祕學的發展脈絡大致如下：16世紀～17世紀：錬金術和魔法↓18世紀：共濟會↓18世紀末～19世紀：浪漫主義↓19世紀：唯靈論↓19世紀下半葉～20世紀：近代魔法和現代主義藝術。希望包括本書在內的圖解系列，有助於大家理解歐洲精神史上神祕學的完整發展。

最後，謹此向河出書房新社編輯部的渡邊史繪編輯致上衷心的感謝，不僅從企劃階段便給予我諸多協助，還提供了許多寶貴建議，特此致謝。

吉村正和

二〇一三年夏天

1886	麥肯齊去世；偉特《魔法的神祕》（The Mysteries of Magic，李維作品的英文譯本）；哈特曼《白魔法與黑魔法》；戴姆勒（Gottlieb Daimler）發明四輪燃油車。
1887	維斯特考特取得《密碼手稿》；馬瑟斯《揭開卡巴拉的面紗》（拉丁語版本的英語譯本）；倫敦的布拉瓦茨基會所成立；葉慈加入神智學會；偉特《玫瑰十字會的真實歷史》。
1888	金斯福德去世；黃金黎明協會成立；布拉瓦茨基夫人《奧祕的信條》。馬瑟斯《所羅門的鑰匙》（英文譯本）；偉特《鍊金術師列傳》（The Alchemist's Handbook）；貝贊特領導火柴女工罷工；米爾德梅工人俱樂部成立；德．古埃塔成立玫瑰十字卡巴拉教團。
1889	易卜生（Henrik Ibsen）戲劇在英國上演。
1890	霍尼曼、葉慈、法爾和偉特加入黃金黎明協會；馬瑟斯與米娜．柏格森結婚；弗雷澤（James George Frazer）《金枝：巫術與宗教之研究》（The Golden Bough: A Study in Magic and Religion）。
1891	馬瑟斯導入黃金黎明協會第二教團（紅玫瑰黃金十字）的入會儀式；布拉瓦茨基夫人去世；伍德曼去世。
1892	馬瑟斯夫婦搬到巴黎；南方熊楠前往倫敦。
1893	葉慈與艾利斯合編《威廉．布雷克著作集》全三卷。
1894	馬瑟斯成立阿哈索爾神殿（巴黎）。
1896	法爾《埃及魔法》；法爾組成球體小組；霍尼曼遭黃金黎明協會除名；偉特《超越魔法》（The Doctrine and Ritual of High Magic，《高等魔法的教義與儀式》的英文譯本）
1897	葉慈《神祕的玫瑰》；維斯特考特退出黃金黎明協會。
1898	馬瑟斯《亞伯拉梅林之書》（英文譯本）；克勞利加入黃金黎明協會。
1899	馬瑟斯舉行伊西斯儀式。
1900	馬瑟斯遭逐出黃金黎明協會；霍尼曼回歸；弗洛伊德《夢的解析》；巴黎世界博覽會；南方熊楠回國；夏目漱石留學倫敦（～1902）。
1901	法爾的球體小組與霍尼曼發生衝突；葉慈〈紅玫瑰黃金十字會是否該作為魔法教團繼續存在？〉；霍洛斯夫婦受審判。
1902	法爾退出黃金黎明協會，加入神智學協會；榮格《心靈現象的心理學與病理學》。
1903	霍尼曼退出黃金黎明協會；偉特成立獨立修正儀式；費金成立晨星會；邁爾斯《人格與其死後存在》；葉慈《善惡的觀念》（收錄〈魔法論〉）。
1904	阿貝劇場於都柏林成立。
1907	克勞利成立銀星教團。
1909	蒙德里安加入神智學協會。
1910	偉特《塔羅牌的圖畫鑰匙》。
1911	康丁斯基《藝術中的靈性》。
1912	烏斯賓斯基《第三的思考規範》；杜象《下樓的裸女二號》。
1913	杜象《現成的自行車輪》；偉特和李維《魔法的歷史》（英文譯本）。
1914	第一次世界大戰（～1918）。
1915	偉特成立玫瑰十字同志會。
1917	法爾去世於錫蘭；杜象《噴泉》。
1918	麥克達格．馬瑟斯去世。
1919	莫伊娜．馬瑟斯成立阿爾法歐米茄會所。
1920	保羅．克利《新天使》。
1921	偉特《新共濟會百科全書》（A New Encyclopaedia of Freemasonry）。
1923	班雅明〈譯者的使命〉；葉慈榮獲諾貝爾文學獎；杜象《新娘甚至被光棍們扒光了衣服》（1915～）。
1924	布勒東《超現實主義宣言》。
1925	維斯特考特去世；葉慈《靈視》（A Vision，第二版於1937 年出版）。
1926	馬瑟斯《揭開卡巴拉的面紗》第四版（莫伊娜．馬瑟斯作序）。
1928	莫伊娜．馬瑟斯去世；霍爾《象徵哲學大系》。
1929	偉特《神聖卡巴拉》。
1937	霍尼曼去世。
1942	偉特去世。
1979	塔可夫斯基《潛行者》。

1256	《皮卡特里克斯》（阿拉伯語版本的西班牙語譯本）；魔法書《所羅門的鑰匙》約於此時誕生。
約1275	摩西・德・萊昂編纂《光輝之書》。
1291	亞伯拉罕・阿布拉菲亞去世（1240～）。
1471	費奇諾《荷米斯文集》。
約1478	波提且利《春》。
1489	費奇諾《論生命》全三卷。
1492	猶太人遭逐出西班牙。
1494	皮科・德拉・米蘭朵拉去世（1463～）。
約1500	特里特米烏斯撰寫《隱寫術》（1605 年出版）。
1517	羅伊希林《論卡巴拉的藝術》。
1533	阿格里帕《神祕哲學》全三卷出版。
1564	迪伊《神聖文字的單子》。
1572	艾薩克・盧里亞去世（1534～）。
1582	迪伊修行以諾魔法。
1600	布魯諾（Giordano Bruno）在羅馬遭處以火刑。
1601	第穀・布拉厄去世（1546～）。
1614	《兄弟會傳說》。
1615	《兄弟會自白》。
1616	《克利斯蒂安・羅森克羅伊茲的化學婚禮》。
1617	弗拉德《兩宇宙誌 大宇宙誌》。
1620	《自然魔法萬年曆》；弗拉德《兩宇宙誌 小宇宙誌》。
1626	弗拉德《宇宙氣象學》
1631	弗拉德《普遍醫學 疫病的神祕》。
1677	羅森羅斯《卡巴拉揭示》（～1684）。
近代魔法的鼎盛時期	
1792	西布利《占星術即天文學完全解說》全四卷（1784～）。
1801	巴瑞特《魔法師》。
1819	布雷克透過幻覺創作肖像。
1821	哥雅創作《戰爭的災難》（1810～）。
1825	拉斐爾《19世紀占星師》。
1826	布雷克《〈約伯記〉插圖》。
1828	康比《人類的構造》。
1830	莫里森《薩基爾年歷》。
1842	布爾沃－李頓《扎諾尼》。
1848	海德維爾事件（唯靈論興起）。
1851	倫敦世界博覽會。
1856	李維《高等魔法的教義與儀式》。
1859	達爾文《物種起源》（On the Origin of Species）。
1861	麥肯齊在巴黎拜訪李維。
1863	倫敦地下鐵開通。
1866	羅伯特・W・利特爾創立英國玫瑰十字會。
1874	麥基《共濟會百科全書》。
1875	麥肯齊《皇家共濟會百科全書》（～1877）；布拉瓦茨基夫人和奧爾科特上校成立神智學協會；李維去世。
1878	利特爾去世。
1879	愛迪生（Thomas Edison）發明白熾燈泡。
1882	邁爾斯成立心靈研究協會。
1883	8人協會成立。
1884	安娜・金斯福德成立荷米斯協會；費邊社成立。
1885	葉慈成立都柏林荷米斯協會。

Alex Owen, *The Place of Enchantment: British Occultism and the Culture of the Modern*（The University of Chicago Press, 2004）
György E. Szönyi, *John Dee's Occultism: Magical Exaltation through Powerful Signs*（State University of NewYork Press, 2004）
Wouter J. Hanegraaff, ed., *Dictionary of Gnosis & Western Esotericism*（Brill,2006）
Z' ev ben Shimon Halevi, *Introduction to the World of Kabbalah*（Tree of Life Publishing, 2008）
Gavin Parkinson, *The Duchamp Book*（Tate Publishing, 2008）
Tobias Churton, *Invisibles: The True History of the Rosicrucians*（Lewis Masonic, 2009）
Alison Butler, *Victorian Occultism and the Making of Modern Magic: Invoking Tradition*(Palgrave Macmillan, 2011）
Boris Friedwald, *Paul Klee: Life and Work*（Prestel, 2011）
Francis King, *Megatherion: The Magickal World of Aleister Crowley*（1977; Creation Books, 2011）
Jacob Slavenburg, *The Hermetic Link: From Secret Tradition to Modern Thought*（Ibis Press, 2012）

参考文献

コリン・ウィルソン『オカルト』上下（中村保男訳・新潮社・1973年；河出書房新社・1995年）
ウィリアム・B・イェイツ『善悪の観念』（鈴木弘訳・北星堂書店・1974年）
オード・カーゼル『秘儀と秘義――古代の儀礼とキリスト教の典礼』（小柳義夫訳・みすず書房・1975年）
プラトン『ソクラテスの弁明』（『プラトン全集1』所収・田中美知太郎訳・岩波書店・1975年）
『プロティノス、ポルピュリオス、プロクロス』（「世界の名著 続2」・田中美知太郎他訳・中央公論社・1976年）
フランシス・キング『魔術――もう一つのヨーロッパ精神史』（澁澤龍彥訳・平凡社・1978年）
『ヘルメス文書』（新井献・柴田有訳・朝日出版社・1980年）
ウィリアム・B・イェイツ『神秘の薔薇』（井村君江・大久保直幹訳・国書刊行会・1980年）
マンリー・P・ホール『象徴哲学大系』全4巻（大沼忠弘他訳・人文書院・1980-81年）
ジョン・ゴールディング『デュシャン――彼女の独身者たちによって裸にされた花嫁、さえも』（東野芳明訳・みすず書房・1981年）
ゼヴ・ベン・シモン・ハレヴィ『ユダヤの秘義』（大沼忠弘訳・平凡社・1982年）
『全版画集ゴヤ』（谷口江里也編著・講談社・1984年）
エドワード・ブルワ=リットン『ザノーニ』（富山太佳夫・村田靖子訳・国書刊行会・1985年）
フランセス・イエイツ『薔薇十字の覚醒』（山下知夫訳・工作舎・1986年）
エドガー・ウィント『ルネサンスの異教秘儀』（田中英道他訳・晶文社・1986年）
ジョスリン・ゴドウィン『交響するイコン――フラッドの神聖宇宙誌』（吉村正和訳・平凡社・1987年）
ウェイン・シューメイカー『ルネサンスのオカルト学』（田口清一訳・平凡社・1987年）
R・J・W・エヴァンズ『魔術の帝国――ルドルフ二世とその世界』（中野春夫訳・平凡社・1988年）
ピーター・フレンチ『ジョン・ディー――エリザベス朝の魔術師』（高橋誠訳・平凡社・1989年）
クリストファー・マッキントッシュ『薔薇十字団』（吉村正和訳・平凡社・1990年：筑摩書房・2003年）
ヨアン・P・クリアーノ『ルネサンスのエロスと魔術』（桂芳樹訳・工作舎・1991年）
E・H・ゴンブリッチ『シンボリック・イメージ』（大原まゆみ他訳・平凡社・1991年）
アンドレ・ブルトン『シュルレアリスム宣言・溶ける魚』（巖谷國士訳・岩波書店・1992年）
ヨーハン・V・アンドレーエ『化学の結婚』（種村季弘訳・紀伊國屋書店・1993年）
カール・ケレーニイ『ディオニューソス』（岡田素之訳・白水社・1993年）
イスラエル・リガルディー『黄金の夜明け魔術全書』上下（江口之隆訳・国書刊行会・1993年）
D・P・ウォーカー『ルネサンスの魔術思想』（田口清一訳・平凡社・1993年）
ヴァルター・ベンヤミン「翻訳者の課題」（『暴力批判論』所収・野村修訳・岩波書店・1994年）
ゲルショム・ショーレム「神の名とカバラーの言語理論」（『言葉と創造』所収・市川裕訳・平凡社・1995年）
ヴァルター・ベンヤミン「歴史の概念について」（『ベンヤミン・コレクション1』所収・浅井健二郎訳・筑摩書房・1995年）
ジョスリン・ゴドウィン『図説　古代密儀宗教』（吉村正和訳・平凡社・1995年）
リチャード・ノル『ユング・カルト』（月森左知・高田有現訳・新評論・1998年）
P・D・ウスペンスキー『ターシャム・オルガヌム』（高橋弘泰訳・コスモス・ライブラリー・2000年）
ゲルショム・ショーレム『錬金術とカバラ』（徳永恂他訳・作品社・2001年）
ミルチャ・エリアーデ『エリアーデ・オカルト事典』（鶴岡賀雄他訳・法藏館・2002年）
ステファヌ・モーゼス『歴史の天使』（合田正人訳・法政大学出版局・2003年）
スーザン・A・ハンデルマン『救済の解釈学』（合田正人・田中亜美訳・法政大学出版局・2005年）
フランセス・イエイツ『ジョルダーノ・ブルーノとヘルメス教の伝統』（前野佳彦訳・工作舎・2010年）
（本書における引用には、他に次のような文献を利用した。）
芥川龍之介「龍」（『芥川龍之介全集　第二巻』所収・筑摩書房・1971年）、
中沢新一編『《南方熊楠コレクション》第1巻　南方マンダラ』（河出書房新社・1991年）

S. S. D. D.〔Florence Farr〕, *Egyptian Magic*（Theosophical Publishing Society, 1896）

S.L. MacGregor Mathers, ed.and trans., *Kabbalah Unveiled*（1887; Routledge and Kegan Paul, 1970）

Franz Hartmann, *Magic, White and Black*（1886; Newcastle Publishing, 1971）

Micheal MacLiammoir and Eavan Boland, *W. B. Yeats and His World*（Thames and Hudson, 1971）

Ellic Howe, *The Magicians of the Golden Dawn*（Routledge and Kegan Paul, 1972）

Christopher McIntosh, *Eliphas Lévi and the French Occult Revival*（Rider, 1972）

Andrew Wright, *Blake's Job: A Commentary*（Oxford University Press, 1972）

Stanislas Klossowski de Rola, *Alchemy*（Thames and Hudson, 1973）

Charles Poncé, *Kabbalah: An Introduction and Illumination for the World Today*（Quest Books, 1973）

Manly P. Hall, *Codex Rosae Crucis*（Philosophical Research Society, 1974）

George Mills Harper, *Yeats's Golden Dawn*（Macmillan, 1974）

George Mills Harper, ed., *Yeats and the Occult*（Macmillan, 1975）

Ithell Colquhoun, *Sword of Wisdom: MacGregor Mathers and The Golden Dawn*（G. P. Putnam' s Sons, 1975）

S.L. MacGregor Mathers, ed.and trans., *The Book of Sacred Magic of Abramelin the Mage*（1898; Dover Publications, 1975）

Arthur Edward Waite, *The Book of Black Magic and Ceremonial Magic*（1898; 1911; Causeway Books, 1975）

Sandra Shulman, *The Encyclopedia of Astrology*（Hamlyn, 1976）

W.B. Yeats, *Autobiographies*（1955; Macmillan 1977）

Arthur Edward Waite, *Real History of the Rosicrucians*（1887; Steinerbooks, 1977）

William Vaughan, *William Blake*（Thames and Hudson, 1977）

Milton Klonsky, William Blake: *The Seer and His Visions*（Harmony Books, 1977）

Morton Smith, *Jesus the Magician*（Harper & Row, 1978）

Fred Gettings, *The Occult in Art*（Rizzoli, 1978）

Robert N. Essic and Donald Pearce, eds., *Black in His Time*（Indiana University Press, 1978）

Joscelyn Godwin, *Robert Fludd*（Thames and Hudson, 1979）

Joscelyn Godwin, *Mystery Religions in the Ancient World*（Harper & Row, 1981）

R.A. Gilbert, ed., *The Magical Mason: Forgotten Hermetic Writings of William Wyn Westcott*（Aquarian Press, 1983）

Gershom Scholem, *Walter Benjamin: The Story of a Friendship*, translated by Harry Zohn（Schocken Books, 1981）

Kathleen Raine, *The Human Face of God: William Blake and the Book of Job*（Thames and Hudson, 1982）

R.A. Gilbert, *The Golden Dawn: Twilight of the Magicians*（Aquarian Press, 1983）

Linda D. Henderson, *The Fourth Dimension and Non-Euclidean Geometry in Modern Art*（Princeton University Press, 1983）

Apuleius, *On the God of Socrates*, translated by Thomas Taylor（n.d.; Alexandrian Press, 1984）

Maurice Tuchman et al., *The Spiritual in Art: Abstract Painting 1890-1985*（Abbeville, 1986）

Kathleen Raine, *Yeats the Initiate*（Dolmen Press,1986）

Israel Regardie, *The Golden Dawn: A Complete Course in Practical Ceremonial Magic*（Llewellyn, 1971; 1986）

Eliphas Lévi, *Transcendental Magic: Its Doctrine and Ritual*, translated by A. E. Waite（1896; Rider, 1986）

Andrey Tarkovsky, *Sculpting in Time*, translated by Kitty Hunter-Blair（University of Texas Press, 1986）

Robert Turner, ed., *The Heptarchia Mystica of John Dee*（Aquarian Press, 1986）

R. A. Gilbert, ed., *The Golden Dawn Companion*（Aquarian Press, 1986）

Walter Burkert, *Ancient Mystery Cults*（Harvard University Press, 1987）

Kenneth Mackenzie, ed., *The Royal Masonic Cyclopaedia*（1877; Aquarian Press, 1987）

R. A. Gilbert, *A. E. Waite: Magician of Many Parts*（Crucible, 1987）

A. Norman Jeffares, *W. B. Yeats: A New Biography*（Hutchinson, 1988）

Theodore Papadakis et al., *Epidauros*（Verlag Schnell & Steiner , 1988）

Nicholas Clulee, *John Dee's Natural Philosophy: Between Science and Religion*（Routledge, 1988）

Marsilio Ficino,*Three Books on Life*, edited and translated by Carol V.Kaske and John R.Clark（Medieval & Renaissance Texts & Studies, 1989）

Francis Barrett, *The Magus,or Celestial Intelligencer*（1801; Aquarian Press, 1989）

John Hamil and R.A. Gilbert, *World Freemasonry: An Illustrated History*（Aquarian Press, 1991）

Daniel H. Caldwell, ed., *The Esoteric World of Madame Blavatsky*（Quest Books, 1991）

Nadia Choucha, *Surrealism & the Occult*（Destiny Books, 1991）

Francis X. King, *The Encyclopedia of Mind, Magic & Mysteries*（Dorling Kindersley, 1991）

Mark C. Taylor, *Disfiguring: Art, Architecture, Religion*（The University of Chicago Press, 1992）

Heinrich Cornelius Agrippa, *Three Books of Occult Philosophy*,edited by Donald Tyson（1533; Llewellyn, 1992）

Manolis Andronicos, *Delphi*（Ekdotike Athenon, 1993）

Loretta Santini, *Pompeii*（Plurigraf , 1993）

Adam McLean, *The Magical Calendar*（Phanes Press, 1994）

Joscelyn Godwin, *The Theosophical Enlightenment*（State University of New York Press, 1994）

Mary K. Greer, *Women of the Golden Dawn: Rebels and Priestesses*（Park Street Press, 1995）

Darcy Küntz, ed., *The Complete Golden Dawn Cipher Manuscript*（Holmes,1996）

Darcy Küntz, ed., The Golden Dawn Source Book（Holmes, 1996）

Francis King, ed., *Ritual Magic of the Golden Dawn*（1971; Destiny Books, 1997）

C.W. Leadbeater, *Man, Visible and Invisible*（1902; Quest Books, 2000）

Susan Greenwood, *The Encyclopedia of Magic & Witchcraft*（Lorenz Books, 2001）

Simon During, *Modern Enchantments: The Cultural Power of Secular Magic*（Harvard University Press, 2002）

◉作者簡介

吉村正和

一九四七年出生於愛知縣，一九七四年於東京大學研究所人文科學研究科博士課程退學，曾任名古屋大學教授，現為名古屋大學榮譽教授，專攻歐洲近代文化史和西方神祕思想。著作包括《フリーメイソン》（講談社現代新書）、《図説　フリーメイソン》、《図説　錬金術：歴史と実践》（河出書房新社）、《心霊の文化史》（河出書房新社）、《フリーメイソンと錬金術》（人文書院），譯作包含《自然と超自然》（M. H. Abrams著，平凡社）、《図説　古代密儀宗教》（Joscelyn Godwin著，平凡社）、《薔薇十字団》（Christopher McIntosh著，ちくま学芸文庫）、《象徴哲學大系》（Hall,Manly P.著，共同翻譯，人文書院）等書。

＊本書為二〇一三年九月出版的《図説　近代魔術》改名新版。

圖解　魔法與祕教　近代的繁榮

出　　版／楓樹林出版事業有限公司
地　　址／新北市板橋區信義路163巷3號10樓
郵政劃撥／19907596　楓書坊文化出版社
網　　址／www.maplebook.com.tw
電　　話／02-2957-6096
傳　　真／02-2957-6435
作　　者／吉村正和
內文設計／日高達雄＋伊藤香代
翻　　譯／蔡麗蓉、楓樹林編輯部
責任編輯／邱凱蓉
內文排版／楊亞容
港澳經銷／泛華發行代理有限公司
定　　價／480元
出版日期／2025年6月

國家圖書館出版品預行編目資料

圖解魔法與祕教：近代的繁榮／吉村正和作；蔡麗蓉, 楓樹林編輯部譯. -- 初版. -- 新北市：楓樹林出版事業有限公司, 2025.06
面；　公分
ISBN 978-626-7729-07-6（平裝）
1. 神祕主義　2. 神祕論
290　　114005607